Dietrich Mendt

Von der Erfindung der Weihnachtsfreude

Dietrich Mendt

Von der Erfindung der Weihnachtsfreude

Erzählungen

Evangelische Verlagsanstalt

Umschlagbild:
Hans und Luise Neupert

Die Deutsche Bibliothek - CIP-Einheitsaufnahme

Mendt, Dietrich:
Von der Erfindung der Weihnachtsfreude : Geschichten und Verse zum Christfest / von Dietrich Mendt - Erw. Neuaufl. - Leipzig : Evang. Verl.-Anst., 1999
ISBN 3-374-01742-8

ISBN 3-374-01742-8

Printed in Germany · H 6617
Satz: CDT Andreas Paul, Ermlitz/Oberthau
Druck und Binden: Druckerei zu Altenburg

Inhalt

Vorlesezeit in Minuten

Weihnachtlicher Hinweis

Wenn Sie dieses Buch lesen, ist sicher bald Weihnachten. Denn ich kann mir zwar vorstellen, daß man im Winter bei zwanzig Grad Kälte, am warmen Ofen sitzend, Sommergeschichten liest, von Sonnenbränden und Badenixen, reifen Roggenfeldern und Eisbechern mit Früchten – aber Weihnachtsgeschichten liest man nur zu Weihnachten oder vor Weihnachten, im Advent. Denn zum Lesen von Weihnachtsgeschichten muß einem weihnachtlich zumute sein, das ist nun mal so. Und weihnachtlich zumute ist einem zur Weihnachtszeit, das ist nun mal auch so.

Was ich soeben über das Lesen geschrieben habe, gilt erst recht für das Schreiben. Im Sommer fällt einem nichts ein, was zu Weihnachten paßt, und wenn man noch so angestrengt nachdenkt und wer weiß wie schwitzt dabei. Im Winter braucht man oft gar nicht nachzudenken, da kommt es von selber. So sind im Laufe der Jahre ungezählte Geschichten entstanden, die die Geburt Jesu beschreiben, ausschmücken, ergänzen, in eine andere Zeit versetzen – und zu verschiedenen Zeiten sind ganz verschiedene Geschichten entstanden, mit einer lauten oder einer sanften Maria, einem schlichten und einem überklugen Joseph, mit Ochse und Esel und ohne Ochse und Esel, mit sanften Eseln und störrischen Eseln und so weiter und so fort. Manchmal tauchen sogar bei dem gleichen Autor zwei verschiedene Esel auf, wie bei mir. Aber Sie werden's nicht übelnehmen, denn beide Esel sind am Ende weihnachtliche Esel, und darauf kommt's schließlich an, in diesem Falle sogar bei den Eseln. Einverstanden? Gut. Und nun holen Sie sich eine Kerze und ein Räucherkerzchen und zünden sie beide an. Dabei liest es sich besser.

Vorher möchte ich Ihnen aber noch eine Geschichte erzählen. Ich war neu in der Großstadtgemeinde, und es war mein erstes Weihnachtsfest und die erste Predigt zum Heiligen Abend, die ich dort zu halten hatte – und natürlich die erste bis auf den letzten Platz gefüllte Kirche. Ich gab mir große Mühe, und ich war ein wenig stolz auf das Ergebnis. Ich hatte »modern« gepredigt, die Weihnachtsgeschichte in die Gegenwart übersetzt und Probleme von heute angesprochen.

Wenige Wochen später machte ich einen Besuch bei einer etwa fünfzigjährigen Frau. Ich sah sie zum erstenmal, und sie war ziemlich zurückhaltend. Schließlich sagte sie: »Ich kenne Sie schon, ich habe Sie am Heiligen Abend predigen hören.« Sie machte eine Pause, und ich erwartete, natürlich, ein Lob. Weshalb sollte sie sonst meine Predigt angesprochen haben? Es kam anders. »Das möchte ich Ihnen gern sagen, Herr Pfarrer. Wenn ich schon einmal im Jahr in die Kirche gehe, will ich wenigstens in Ruhe gelassen werden.« Ich war mir meiner Sache ziemlich sicher. »Dann habe ich richtig gepredigt. Denn Gott will Sie gerade nicht in Ruhe lassen.«

Später habe ich darüber nachgedacht – und war mir nicht mehr sicher. Natürlich, Gott will uns nicht in Ruhe *lassen.* Aber will er uns nicht zur Ruhe *bringen?* Die Ruhe, in der die Frau »gelassen« werden wollte, war vielleicht in Wahrheit keine wirkliche Ruhe, sondern eine Unruhe, eine gefährdete Unruhe. Aber dann wollte sie Gott jedenfalls aus dieser Unruhe heraus zur Ruhe bringen. Ich hatte sie zur Unruhe gebracht, zu einer neuen Unruhe! »Deine Ruhe ist falsch«, das wollte ich zum Ausdruck bringen, und es war mir offenbar gelungen, mehr aber nicht. Das Entscheidende der biblischen Botschaft blieb auf der Strecke: daß Gott es gut mit uns meint! Und daß er uns in Ruhe »läßt«, wörtlich, indem er uns seine Ruhe daläßt, zurückläßt – und unsere Unruhe mit fortnimmt, auf sich nimmt. Unsere Lasten, unsere Unzufriedenheit, unsere Lieblosigkeiten, unsere Fehler und Schwächen, das werden alles seine Lasten, seine Fehler, seine Schwächen – »für uns zur Sünde gemacht«, sagt die Bibel – damit wir Ruhe hätten.

Und die Weihnachtsgeschichte fügt beides zusammen: unsere Unruhe, Gestalt geworden in den Hirten auf dem Felde, in den drei Weisen, sicher auch in den vielen Menschen auf Wanderschaft wegen der Steuererhebung – in Gott zur Ruhe gekommen in dem Kind in der Krippe, einem harten und ungemütlichen Kinderbett; aber von einem Neugeborenen geht immer Frieden aus. Die knienden Hirten und Weisen bezeugen es, denn sie sind selber zur Ruhe gekommen. Seitdem hat es mich zu Weihnachten immer geplagt, wie das zu machen sei: Gottes Ruhe in die Unruhe der Welt hinein zu verkündigen! Die Wahrheit zu sagen und gleichzeitig niemanden zu verletzen! Die alte Geschichte zwar neu zu sagen, aber nicht anders, nicht »unruhig«, nicht nur einfach modern, sondern annehmbar auch von denen, die zu Weihnachten nicht viel mehr im Herzen tragen als die Sehnsucht nach ihrer Kindheit, in der sie die Krippe und die Hirten und die Engel noch für ein Wunder hielten und die Weihnachtsfreude für eine dauernde. So sind eine Anzahl dieser Geschichten »verkündigend« entstanden, sogar als Predigten gehalten worden – und andere, wie auch die Verse, hatten immer einen aktuellen Anlaß, einen Gemeindeabend, eine Kinderweihnachtsfeier, eine Adventsrüste, eine Lesung inmitten eines Weihnachtskonzertes. Durch die Kritik der Frau bin ich mit der Zeit – so hoffe ich – nicht nur ein wenig barmherziger geworden, sondern auch ein wenig »weihnachtlicher«.

Was will er in Ägypten?

Auf unserer alten, geschnitzten, erzgebirgischen Pyramide steht auch eine sogenannte »Flucht«, das heißt natürlich, sie läuft herum, immer im Kreise, in Wirklichkeit aber nach Ägypten. Sie besteht aus Maria, die auf einem Esel reitet und ihr Kind im Arme hält, aus Joseph, der den Esel am Strick hinter sich herzieht, aus einem gewaltigen Engel, der die Flügel ausgebreitet hat und wie ein Verkehrsschutzmann mit seinen Händen Platz schafft für die kleine Karawane, und aus einem alten Erzgebirger. Er marschiert mit nach Ägypten, so, wie er sonst in den Wald marschiert, nach Feierabend, und Holz und Pilze sammelt. »Was will der alte Mann aus dem Erzgebirge in Ägypten?« fragte ich meinen Vater. »Das will ich dir erzählen«, antwortete mein Vater – und ich will es heute euch erzählen. Ich war damals fünf Jahre alt und glaubte die ganze Geschichte aufs Wort. Aber als ich zwölf wurde, glaubte ich sie nicht mehr. »Stimmt doch alles nicht!« murmelte ich. »Damals gab's noch gar kein Erzgebirge und keinen Bergbau, und außerdem ist Ägypten viel zu weit weg!« Komisch, denn jetzt glaube ich sie wieder, Wort für Wort, sonst würde ich sie euch gar nicht erzählen.

Gott sah voraus, daß der böse König Herodes versuchen würde, das kleine Kind zu erwischen und töten zu lassen. Und da schickte er seine Engel durch die ganze Welt. Sie mußten überall die Menschen fragen, ob sie nicht bereit wären, mit Maria und Joseph und dem kleinen Kinde nach Ägypten zu fliehen. »Es ist ein weiter und beschwerlicher Weg«, sagten die Engel. »Und unterwegs kann viel passieren. Löwen gibt es dort und Räuber und Schlangen, und außerdem ist die Wüste sehr groß, da kann man verdursten. Und vielleicht hält der Esel nicht durch und muß neu beschlagen werden, und Joseph ist überhaupt nicht so praktisch«, ach, sie sagten noch manches, aber leider fand sich niemand, der Lust hatte, mit dem Christkind nach Ägypten zu ziehen. »Wer weiß«, antworteten die meisten, »Herodes wird schon einen Grund haben. Und ist denn das Kind so wichtig? Wir haben selber Kinder, die uns genug Sorgen machen. Muß es denn gleich Ägypten sein? Genügt es nicht, wenn sie einfach über den Jordan gehen?« Alle hatten ihre Gründe. Richtige Gründe waren es nicht, aber es waren auch nicht falsche Gründe. Jedenfalls hatten die Engel keinen Mut, jemanden zu bitten, der nicht von selber ein warmes Herz für die Heilige Familie hatte.

Aber einer hörte doch auf die Engel! Das war ein alter erzgebirgischer Bergmann. Er sagte zu seiner Frau: »Da muß ich mit!« (Weil er aus dem Erzgebirge war, sagte er: »Da muß ich fei miet!« Aber das versteht ihr natürlich nicht, deswegen drücke ich mich hochdeutsch aus.) »Denn das ist ein Gott für die ganz Armen. Und wer sollte ihm da anders helfen können als ein ganz Armer? Und das sind wir erzgebirgischen Bergleute. Frau, bring die Kiepe. Ich hole die Säge und das Beil, damit wir Holz schlagen und sägen können für ein Feuer in der Nacht! Stell die Kanne mit dem Kaffee zurecht. Auf der Wanderung kriegt man Durst. Wer weiß, ob Maria daran gedacht hat. Und tu die Schnitten in das Tuch für die Pilze! Dann haben wir was zu essen, und vielleicht gibt es in Ägypten auch Pilze, darauf versteh ich mich.« (Ich kann mir nicht verkneifen, auch das nochmal auf erzgebirgisch zu sagen. Da heißt es: »Pack de Schwammatüchle ei und tu de Brutfiezen nei!« Schön, nicht?) Dann gab er seiner Frau einen Schmatz auf die Backe, nicht auf den Mund beim Abschied wie heute, und machte sich auf den Weg nach Ägypten, von Johanngeorgenstadt über Prag nach Istanbul am Mittelmeer lang über Bethlehem und den Sinai. Und er paßte gut auf, daß dem Christkind nichts passieren konnte.

Na und? Ihr wißt doch, wie die Geschichte weitergeht. Ist dem Christkind vielleicht etwas passiert auf dem Weg nach Ägypten und später wieder zurück nach Nazareth? Nein, davon steht in der Bibel nichts. Und das lag an dem wackeren alten Erzgebirger. Ich bin sehr stolz auf ihn, weil ich nämlich auch aus dem Erzgebirge stamme. Wenn ihr wollt, könnt ihr ihn euch ansehen. Dann müßt ihr mich zwischen Weihnachten und Hohneujahr besuchen, da steht er auf meiner Pyramide, nein, er läuft nach Ägypten, dicht hinter dem Esel, auf dem die Maria ihr Kind im Arm hält.

Die Legende vom Bilde Jesu im Himmel

Ja gibt's denn das? Eine Legende im Himmel? Heutzutage, wo die Erde voller Elektronik, Interkosmosraketen und Wolkenkratzer ist? »Natürlich gibt es Legenden«, würde der heilige Petrus sagen. »Und erst recht gibt es Legenden im Himmel. Erstens überhaupt, weil sie nämlich wahr sind, und schließlich tut ein bißchen Wahrheit auch heutzutage den Leuten ganz gut –, und zweitens, weil wir Weihnachten feiern. Und da kriegen die Menschen am ehesten Ahnung davon, was hinter den Kulissen ihres winzigen Erdballes alles los ist. Aber im Augenblick habe ich gar keine Zeit für solche philosophischen Betrachtungen. Schließlich läuft unser Wettbewerb ›Das beste Jugendbildnis Jesu‹. Und damit habe ich als Vorsitzender der Jury alle Hände voll zu tun. Das beste Bild soll nämlich Jesus zu Weihnachten bekommen.«

Wer sich gewundert hat, wundert sich nicht mehr! Immer neue Menschen bringen immer neue Jugend- und Kinderbilder Jesu. Der kunstgeschichtlich Geschulte erkennt Matthias Grünewald mit seinem Weihnachtsbild, Schongauer mit der Madonna im Rosenhag, Dürer, Raffael, ach, man kann sie gar nicht zählen, die Berühmten! Aber nicht nur sie bringen Bilder zur Begutachtung für die Jury. Zwei erzgebirgische Schnitzer stellen winzige Krippen aus Holz mit einem noch winzigeren Säugling auf die lange Tafel, über die sich die Mitglieder der Jury beugen, Petrus, Lukas – der selber in seinem Erdenleben gemalt hat – und ein halbes Dutzend Engel und Erzengel, alles in der Kunst beschlagene und erfahrene Leute. Übrigens werden auch Fotos eingereicht, riesige, die für die Tapete eines Wohnzimmers ausreichen, und kleine, genormte Paßbilder. Petrus rauft sich die Haare, soweit er noch welche hat. »Wie soll man bei so vielen schönen Bildern das schönste herausfinden? Das kostet ja Wochen, und so viel Zeit haben wir nicht, selbst wenn wir die Nächte durcharbeiten.« Im Himmel kann man zwar die Nacht gut durcharbeiten, weil der Anblick Gottes auch den nötigsten Schlaf mehr als ersetzt, aber die Zeit bis Weihnachten ist so schnell vorüber wie auf der Erde, bloß die Ewigkeit ist lang, aber die kommt immer erst hinterher – oder wenigstens denkt das der heilige Petrus, wenn er so viel zu tun hat wie jetzt.

Da schiebt sich ein kleiner zerzauster Engel an die Tafel. Zerzaust ist er, weil er nicht hier herein darf und sich durchgedrängelt hat. Auf der Erde würde man sagen: »Ein Lausebengel!« Im Himmel sagt man höchstens: »Ein Lauseengel«, aber man meint es nicht so, denn im Gegensatz zu den Lausebengeln auf der Erde tun die Lauseengel im Himmel niemals jemandem weh oder stimmen ihn traurig. Im Gegenteil, sie bringen die anderen nur zum Lachen. Der kleine Engel sagte: »Na, dann macht doch eine große Ausstellung wie unten auf der Welt in Dresden oder in Florenz oder im Louvre in Paris oder in der Ermitage in Leningrad, mit allen Bildern! Und dann kann sich Jesus selbst heraussuchen, welches das schönste und ähnlichste Bild ist!« »Du bist ein Mordskerl«, antwortete Petrus. »Wenn es im Himmel Orden gäbe, kriegtest du einen! Aber die Orden müssen die Menschen bekanntlich unten auf der Erde lassen oder vielmehr in der Erde. Schade.« »Ich pfeife auf Orden«, sagte der kleine Engel, und tatsächlich pfiff er: »Vom Himmel hoch, da komm ich her!« Und mit diesem schönen Lied wurde auch die Weihnachtsausstellung eröffnet, mit allen Bildern.

Natürlich schauten die hohen Herren und Damen des Himmels ganz gespannt auf Jesus, welches Bild er wohl wählen würde. Jesus nahm sich lange Zeit. Schließlich blieb er vor einer kleinen Fotografie stehen, betrachtete sie lange und nahm sie von der Wand. »Das ist das schönste Bild! Das bin wirklich ich!« Petrus war sprachlos, und als er endlich wieder ein paar Worte gefunden hatte, sagte er: »Aber Jesus! Weißt du denn nicht, daß dieser kleine Junge geistig nicht ganz normal ist? Behindert, sagen sie auf der Erde. Der wird zwar inzwischen laufen, aber sicher nicht richtig denken können. Und er wird immer Hilfe brauchen und Liebe und Geduld! Weißt du das nicht?« »Doch!« sagte Jesus und lächelte.

Das andere Weihnachten

Hans hat sich sehr verändert. Er ist freundlicher geworden, zuvorkommender, nachsichtiger und überhaupt ein wenig bescheidener. Er schnappte früher sehr schnell ein, nahm »übel«! Aber jetzt tritt er nicht mehr so großspurig auf, er weiß nicht mehr auf alle Fragen eine Antwort, infolgedessen fragt man ihn neuerdings gern einmal. Und er kann sogar jemanden um Hilfe bitten! Früher hielt er das für eine Schwäche. Ja, er hat sich sehr verändert. Und inzwischen weiß ich auch, warum. Ich will es euch erzählen. Es ist eine Weihnachtsgeschichte, eine andere als die, die wir gewohnt sind, aber vielleicht gerade darum eine der weihnachtlichen Wahrheit näherkommende Geschichte als alles, was mit Stall und Esel und Ochsen und dem rücksichtslosen Wirt in Bethlehem zu tun hat und überhaupt mit der Zeit vor zweitausend Jahren.

Ich traf Hans mit dem Kinderwagen. Darin lag sein Junge, zwei Jahre alt. Mit einem Mann, der einen Kinderwagen schiebt, kann man besser reden als mit einem Kollegen. Wir arbeiten in der gleichen Werkhalle als Ingenieure, genauer: ich arbeite in seiner Abteilung, er ist mein Chef. In der Vergangenheit hatten wir alle Angst vor ihm, jetzt, seit er sich so verändert hat, nicht mehr. Das sagte ich ihm. Ich sagte. »Hans, weißt du eigentlich, daß du dich sehr verändert hast? Wir sind froh darüber. Und wir fragen uns manchmal, woher das wohl kommt.« Da antwortete er, ernst und ganz sachlich, als ob er Auskunft gäbe auf eine Frage nach der nächsten Haltestelle der Straßenbahn oder nach einer bestimmten Hausnummer: »Ich habe Gott gesehen!« »Was«, sagte ich, »was hast du gesehen?« »Gott!« Mir war, das muß ich zugeben, ziemlich unbehaglich zumute. »Gott? Wo denn? Wo sieht man denn heutzutage Gott?« Er zeigte auf den Kinderwagen. »Hier!« sagte er. Und dann erzählte er mir seine Geschichte.

Hans war das, was man einen »modernen Menschen« nennt. Oder vielmehr: er wollte es gern sein! Und so tat er alles so und lebte überhaupt so, wie er sich einen sogenannten modernen Menschen vorstellte. Zu einem modernen Menschen gehört natürlich, daß er nicht an Gott glaubt, daß er sich manchmal lustig macht über Leute, die *»noch«* (moderne Menschen sagen an dieser Stelle stets *»noch«*) an Gott glauben – wie seine Frau zum Beispiel. Sie hatte es aufgegeben, mit ihm darüber zu reden, nachdem er ihr eines Tages folgenden Vortrag gehalten hatte: »Weißt du, an Gott könnte ich nur glauben, wenn ich ihn sehe! Und dann müßte es ein Gott sein, der alles kann, der über eine überragende Intelligenz verfügt, der immer genau weiß, was zu tun und was zu lassen, was gut und was böse ist – und der auch die Macht hat, das Gute, das Richtige wirklich durchzusetzen. Zeige mir einen solchen Gott, und ich glaube an ihn. Aber wenn du ihn mir nicht zeigen kannst, dann laß mich in Ruhe.« Seine Frau ließ ihn in Ruhe.

Eines Tages bekamen sie ihr erstes, ersehntes Kind. Er war dabei, sah zu, wie sich seine Frau plagte. Sie plagte sich mehr als andere, es war ein Achtmonatskind, sie wußten nur beide noch nicht, warum. Sie wußten nicht, daß dieses Kind eher kam, weil es einen Hirnschaden hatte. Deshalb verursachte es seiner Mutter besondere Schmerzen bei der Geburt, man mußte es operativ herausholen. Deshalb wich die Freude über das erwünschte Kind bald einem bitteren Leid, um nicht zu sagen, einer großen Enttäuschung. »Es wird, wie es aussieht, keine schwere Behinderung sein«, sagte der Arzt, der die Geburt geleitet hatte, »aber es wird wohl keine Schule besuchen können und vielleicht auch Beine und Arme nicht normal bewegen.«

Als er so weit war mit Erzählen, fiel mir erst auf, daß man eigentlich ein Kind von zwei Jahren nicht mehr im Kinderwagen spazieren fährt – und außerdem fiel mir auf, daß wir alle als seine Kollegen von der Behinderung dieses Kindes bisher nichts gewußt hatten, und das bedrückte mich unwillkürlich, ich fühlte mich auf einmal schuldig Hans gegenüber, den ich immer nur für schuldig anderen gegenüber gehalten hatte. Hans machte es mehr zu schaffen als seiner Frau. Ehe er weiter erzählte, sagte er: »Das ist wohl immer so bei den

Vätern! Männer wollen immer stark sein, das ist ihre Schwäche.« Er betrachtete es als eine persönliche Niederlage und fragte zunächst in seiner Verwandtschaft nach, ob »so etwas schon einmal vorgekommen« sei. Er wollte den Nachweis bringen können: »An mir liegt es nicht! Es muß aus der Linie meiner Frau kommen!« Er teilte diese Erkenntnis auch seiner Frau mit und hatte dabei noch ganz und gar seinen alten überheblichen Ton. Seine Frau schwieg. In ihrem Herzen rechnete sie damit, daß ihr Mann sie wegen dieses Jungen verlassen würde, wie es viele Männer tun. Sie wußte davon.

Das Kind war sechs Wochen alt. Seine Frau stillte gerade, als er vom Betrieb nach Hause kam. Ein mühsames Geschäft, denn der kleine Sohn hatte nicht die gleiche Kraft wie ein gesundes Kind. Er schlief ständig ein von der Anstrengung und mußte geweckt und neu angelegt werden. Man mußte ihm sozusagen dauernd gut zureden. Hans verließ in der Regel das Zimmer. Er konnte den Anblick noch immer schwer ertragen. Diesmal blieb er. Eigentlich wußte er nicht, warum – später sagte er: »Gott hat mich festgehalten!« Als er sich neben seine Frau stellte, machte der Junge die Augen auf und streckte seine Arme aus nach dem Vater, vielleicht nicht einmal bewußt, aber es sah so aus. Da nahm ihn Hans, zum erstenmal, obwohl man das Stillen eigentlich nicht unterbrechen soll, das wußte er aus Büchern – die ersten Kinder erzieht man bekanntlich noch ganz und gar aus Büchern. Er hielt ihn lange fest und schaute ihn genau an.

An diesem Abend redete er wenig. Er dachte nach. Dann sagte er zu seiner Frau: »Das erinnert mich an ein Bild, wie ich euch vorhin so sitzen sah. Welches Bild mag das gewesen sein?« Als er schon im Bett lag, fiel es ihm ein, und er stand nochmals auf. Er kramte in seiner großen Mappe, in der er Bilder aus Kalendern und Kunstdrucke aufhob – und brachte seiner Frau das Bild der heiligen Familie von Correggio. Das Original ist im Besitz der Dresdner Gemäldegalerie. »Das ist es!« sagte er, weiter nichts.

Erst nach ein paar Tagen konnte er seine Gedanken ordnen. Das mußte er immer: seine Gedanken ordnen. Erst dann konnte er auch danach leben, konnte er sie in sein Leben umsetzen. »Das ist Gott!« sagte er. »Ein Kind! Jetzt habe ich ihn gesehen. Kein Mächtiger, nein, ein Schwacher. Er hat mich verändert. Er braucht mich. Gott braucht mich! Daran habe ich nie gedacht. Ein Gott, der mich brauchen kann! Nicht einer, den ich brauche, sondern einer, der mich braucht. Ich werde gebraucht. Unser Junge braucht mich. Ich will ihm ein guter Vater werden.« Und er wurde es.

Versteht ihr jetzt, daß meine Geschichte eine Weihnachtsgeschichte ist?

Ansprache einer nicht ganz frommen Mutter an ihr kleines Kind

Du sollst Gott ähnlich sehen? Das kann ich mir nicht vorstellen. Aber so hat's mir jemand gesagt! Als ich – ich gebe es zu: ein wenig boshaft! – fragte: »Na wie sieht denn euer Gott aus? Zeigen Sie mir ihn einmal!« da sagte er: »Schauen Sie sich doch mal Ihr Kind an!« Dich soll ich anschauen! Wie Gott sollst du aussehen! »Ihr werdet finden das Kind in Windeln gewickelt...« Das steht in der Bibel, ich habe es nachgeschlagen. Ich habe dich in Windeln gewickelt, eben erst, es war nötig! Gott braucht Windeln! Ein lustiger Gott! Man muß über ihn lachen. Müssen die Christen einen fröhlichen Glauben haben! Zu tun hat man bei diesem Glauben. Wickeln, baden, stillen... Stillen? Ein Gott, den ich stille. Mit meiner Brust!

Hat's geschmeckt? Du bist satt, ich seh dir's an. Du schläfst ja schon; aber du mußt noch ein bißchen wach bleiben, deine Mutter denkt nach, verstehst du?

Eine Mutter, die Gott stillt! Ohne sie muß er verhungern. Vielleicht will er das, ohne uns verhungern? Vielleicht will er, daß wir ihm was zu essen und zu trinken geben? Vielleicht will er lieber sterben, als ohne uns leben? Aber ob das mein Leben verändert?

Hast du mein Leben verändert? Natürlich hast du mein Leben verändert, mein Schatz! Habe ich gesagt »mein Schatz«? Könnte ich zu Gott nicht sagen. Komischer Gott wäre das, »mein Schatz«. Aber du bist ja mein Schatz! Und du hast mein Leben wirklich verändert. Ich habe viel mehr zu tun wegen dir. Dauernd muß ich nach dir sehen, dich rumdrehen, schaukeln, herausnehmen, drükken, küssen... Aber ich habe noch keine Arbeit so gern getan! Du machst mir Freude. Du hast Freude in mein Leben gebracht. Wer kann das verstehen, der keine Kinder hat? Dabei bist du das schönste Kind, das es gibt. Jeder sagt das? Ich sag's, weil's stimmt!

Freude macht es, wenn Gott so ein Kind ist. Und ich habe noch nie so viel für einen Menschen getan wie für dich. Ich muß es tun, sonst würdest du verhungern, verdursten, verdrecken, an Bazillen sterben. Und das ist doch wohl so bei den Christen, daß man etwas füreinander tun soll. Freiwillig. Aus Liebe. Stimmt alles. Ich tu's freiwillig, ich wollte dich ja haben. Und ich tu's, weil ich dich liebhabe, so lieb wie niemanden auf der Welt, höchstens noch deinen Vater, aber so wie du braucht er mich nicht.

Kein schlechter Gedanke: ein Gott, der mich braucht! Kein Gott, den ich brauche ... aber ich brauche dich doch! Sehr brauche ich dich, mein Junge, also auch ein Gott, den ich brauche. Bloß keiner, vor dem man sich fürchtet. Ich dachte immer, vor den Göttern muß man sich fürchten. Damit man brav ist! Wie vor dem Weihnachtsmann. So habe ich mir Gott vorgestellt: wie einen überdimensionalen Weihnachtsmann. Und deswegen konnte ich mir schon lange Zeit keinen Gott mehr vorstellen.

Aber wenn er dir ähnlich sieht? Nein, vor dir fürchte ich mich nicht! Dein süßer kleiner Kopf! Deine Glatze! Da muß ich lachen: ein Gott mit Glatze! Nein, ein paar Härchen hat er schon, hier hinterm Ohr, ganz blonden leichten Flaum. Mein Gott wird schön, wer Augen hat zu sehen, der sieht es. (Ich glaube, so was ähnliches steht auch in der Bibel.) Und die kleinen Finger, die mich festhalten, immer wenn ich meine Hände in der Nähe habe! Immer halten sie mich fest. Gott hält mich fest! Ja, das wäre was, wenn er mich festhält, immer.

Du sollst Gott ähnlich sehen! Da ist was dran.

Wenn da was dran wäre...

Tischgebet zu Weihnachten

Truthahn essen, Äpfel, Stollen,
ist zu Weihnacht alter Brauch.
Das macht einen übervollen,
prallen, kugelrunden Bauch.
Lieber Gott! An alle denkst du,
ich denk nur an mich allein.
Alle liebst du. Allen schenkst du.
Hilf mir, so wie du zu sein!
Amen.

Balduin und das Heu

Der Esel im Stall von Bethlehem hieß Balduin, natürlich Balduin auf aramäisch, denn in Palästina sprach man nicht deutsch, sondern aramäisch. Leider weiß ich nicht, was Balduin auf aramäisch heißt. Ich habe die Geschichte nur in einer deutschen Übersetzung gelesen.

Balduin hatte keine Ahnung, wer da in seinem Stall untergekrochen war. Wie sollte er? Er zog den Karren, mit dem der Wirt des Gasthofes von Bethlehem alle Dinge heranschaffte, die seinen Gästen schmeckten: Feigen und Oliven, Rindfleisch und Datteln, Wein und Eier.

Balduin tat seine Arbeit recht und schlecht. Im großen und ganzen war er geduldig, dazu kräftig und willig. Nur manchmal blieb er stehen, nur so, ohne Grund, wie das eben bei Eseln so ist. Meistens dachte er nach. Und da ihm das Denken nicht leichtfiel, konnte er einfach nicht gleichzeitig denken und laufen und ziehen. Also blieb er stehen. Der Wirt hatte es erst mit der Peitsche versucht, aber wenn ein Esel stehenbleibt, dann hilft auch eine Peitsche nicht. Also hatte es der Wirt gelassen, ja, mit der Zeit waren ihm die Pausen sogar lieb geworden. Er machte dann immer ein kleines Nickerchen, und auf diese Weise kamen sie gut miteinander aus, der Wirt und Balduin.

Sozusagen zur Belohnung für die gute Behandlung rückte Balduin immer zuvorkommend beiseite, wenn der Wirt in seinem Gasthof ausverkauft war und einfache Gäste im Stall unterbrachte, Pilger zum Passafest etwa oder Bauern der Umgebung, wenn sie ihre Tempelsteuer zu bezahlen hatten.

Daß eine junge Frau in seinem Stall ein Kind bekam, das war freilich noch nicht vorgekommen. Immerhin! Maria war sehr tapfer und hatte die Zähne fest zusammengebissen. Balduin wurde eigentlich erst aufmerksam, als man ihm seine Krippe wegnahm und das Kind hineinlegte. Zwar hatte Joseph – so hieß der Vater – ihm extra ein Bündel frisches Heu vor das Maul geworfen, aber der Esel ärgerte sich trotzdem. Seine Krippe! Sozusagen sein Teller, seine Suppenschüssel! Und da Balduin im Augenblick weder ziehen noch laufen mußte, konnte er nachdenken – und ärgerte sich noch mehr! Aber verständlicherweise hatten die Eltern für Balduins Ärger überhaupt keinen Blick. Sie waren mit ihrem Kind beschäftigt.

»Schau, wie es trinkt!« sagte Maria. »Einen ordentlichen Zug hat der Junge. Aus dem wird mal was.« Joseph hielt die Öllampe, die ihnen der Wirt in den Stall gesetzt hatte, dem Kleinen direkt vors Gesicht. »Ein Prachtbursche! Hübsch ist er! Und gescheit sieht er aus! Der wird was von der Welt verstehen.«

Die Eltern gebrauchten kluge Worte. Alle Eltern gebrauchen solche Worte, wenn sie Kinder bekommen. Nur waren die Worte Marias und Josephs die lautere Wahrheit, aber das wußten beide natürlich nicht. Noch hatten die Engel die Hirten auf dem Felde nicht geweckt! Noch waren die drei Weisen aus dem Morgenlande erst beim Kofferpacken! Woher sollten sie's also wissen? Sie waren auch nicht die ersten, die es erfuhren. Der erste war vielmehr Balduin, der Esel. Und das kam so.

Maria brachte es nicht fertig, das Kind nach dem Stillen gleich wieder in die Krippe zu legen. Sie trug es im Stall umher und sang ein altes Danklied. Ihr kennt es sicher. Es heißt: »Lobe den Herrn, meine Seele, und vergiß nicht, was er dir Gutes getan hat!« Als sie mit dem zweiten Vers zu Ende war, hob sie das Bündel hoch in die Luft. »Und jetzt sollst du noch den Himmel sehen!« sagte sie und trat vor die Tür. Es war eine mondlose Nacht, in der sich alle Sterne glasklar vom Himmel abhoben.

Trotzdem war es eigentlich viel zu hell für die Sterne. Das lag an einem einzigen Stern, der genau über dem Stalle stand und dem Mond kräftig Konkurrenz machte. Maria war ganz weg. »Joseph, komm heraus und schau dir das an! So was hab' ich noch nie gesehen.«

Balduin war inzwischen mit seinem Denken zu einem gewissen Abschluß gekommen. Und dieser Abschluß lautete: »Das ist mein Heu!« Also fraß er das Heu aus der Krippe. Maria merkte es erst, als sie das Kind gerade aufs nackte Holz legen wollte. Da Balduin ziemlich ungeniert kaute und sein Maul eifrig und betont über der Krippe hin und her schwenkte, wußte sie gleich Bescheid. »Konntest du nicht aufpassen, du Esel?« Es war nicht auszumachen, ob Maria mit dieser Anrede den bedenken wollte, der einer war, oder den, der sich vielleicht wie einer benahm, weil er nicht aufgepaßt hatte. Es wurde auch nicht erörtert, leider, denn seitdem werden in der Welt sehr oft Menschen als Esel bezeichnet, die sich ungeschickt benehmen, nicht nur zu ihrem eigenen, sondern auch zum Schaden der Esel. Joseph jedenfalls fühlte sich getroffen. »Der schöne Stern«, sagte er, »wenn ich den nun nicht gesehen hätte! Aber man kann eben nicht zugleich draußen und drinnen sein. Und übrigens haben wir noch genug Heu. Ich werde neues auffüllen.« Joseph war gleich bei der Sache und legte ein frisches Bündel in die Krippe. Aber Maria war noch nicht zufrieden. »Der Esel muß raus!« sagte sie. »Sofort muß der Esel raus. Sonst frißt er mir meinem Kind noch das Heu unterm Rücken weg.« Sie sagte »Rükken«, obwohl sie gern etwas anderes hätte sagen mögen. Joseph kannte den Ton. Er klopfte Balduin auf den Rücken »Komm, Alter. Gegen diese Frau kommen wir beide nicht an. Und heut hat sie's verdient, daß wir Rücksicht nehmen. Meinst du nicht?« Balduin meinte es offenbar auch, denn er ließ sich ohne Widerstand nach draußen bringen und am Türpfosten anbinden.

Aber jemand anders war nicht einverstanden. Zwar konnte er's noch nicht sagen, aber er konnte schon weinen. Und das tat er, so laut er konnte.

»Joseph, das Kind schreit!« »Aber Frau! Er weint doch nur ein bißchen. Das soll nun mal bei den Kindern so sein.« Maria war nicht zu beruhigen: »Ihr Männer sitzt auf euren Ohren. Er schreit! Und wenn ein so kleiner Junge schreit, fehlt ihm was!« »Vielleicht hat er Hunger?« »Denkst du?« Maria schob ihr Kleid auseinander und nahm den Jungen an die Brust. Aber er hatte keinen Hunger. Immer wieder drehte er seinen kleinen Kopf herum und weinte beharrlich weiter. »Vielleicht hat er was in den Windeln?« Maria schloß ihr Kleid wieder, wickelte ihn aus und gleich wieder ein, denn die Windeln waren frisch und sauber. Maria fing an mitzuweinen, wie jede Mutter, wenn ihr erstes Kind schreit, weil man bei dem ersten Kind immer gleich an das Schlimmste denkt und noch nicht weiß, daß Kinder weinen und lachen müssen, weil sie noch nicht reden können. Maria legte ihre Hand auf seine Stirn, aber sie war nicht heiß. Und als sie sachte auf seinen Bauch drückte und auf seinen Rücken und seine Schultern und alles, was vielleicht weh tun könnte, gab er keinerlei Zeichen von sich, sondern weinte nur still weiter. Maria lief im Stall umher und rief ein ums andere Mal: »Lieber Gott, du weißt sicher, was ihm fehlt! Hilf mir doch!« Und Gott half. Plötzlich war das Kind still. Maria schaute es ganz verklärt an, und es sah so aus, als ob der Kleine lächelte. »Nun schlaf, mein Kind, es ist spät.«

Es war wieder friedlich im Stall. Nur der Esel schaute zur Tür herein, offenbar schon eine ganze

Weile, denn der Lärm hatte seine Neugier geweckt. »Willst du wohl gleich verschwinden, du Kerl! Du weißt doch, daß die Frau das nicht leiden kann. Du mußt schon draußen bleiben, sonst weint unser Kind womöglich wieder.« Damit drängte Joseph den Esel zur Tür hinaus. Im selben Augenblick fing das Kind erneut an zu weinen. Maria und Joseph kamen erst dahinter, als der Esel, durch das Weinen aufmerksam geworden, seinen Kopf wieder zur Tür hereinsteckte. Sofort war der Kleine still. »Der Esel fehlt ihm!« sagte Joseph. »Der Esel? Du meinst, der Esel fehlt ihm?« Maria staunte. »Obwohl er sein Heu gefressen hat? Ich kann mir's nicht denken.« Aber Joseph war schon dabei, Balduin loszubinden. »Immerhin können wir's mal versuchen.« Und tatsächlich, jetzt lächelte der Junge wieder. Und als Balduin seinen Kopf über der Krippe schwenkte, streckte ihm der Junge die kleinen Arme entgegen.

Da Balduin wieder ruhig an seinem Platz stand, konnte er denken. »Ein Mensch«, dachte er, »der schon als ganz kleines Kind die Tiere liebhat, das muß ein ganz besonderer sein. Vielleicht ist er auf die Welt gekommen, um den Menschen die Liebe beizubringen!« Und damit hatte Balduin zweifellos recht.

Die Geschichte vom Bischof Marcellus und der Windel Jesu

Heute will ich euch die Geschichte erzählen vom Bischof Marcellus. Ihr werdet sie wahrscheinlich nicht kennen, und das ist eigentlich schade, denn nun werdet ihr gleich wissen wollen, wer denn der Bischof Marcellus war und wann er gelebt hat und in welcher Stadt und ob es Quellen gibt über ihn und ob das eine wirkliche, historische Geschichte ist – und darauf kann ich fast nichts antworten. Denn ich habe nur eben mal so von ihm gehört, daß er im Mittelalter als Bischof in einer kleinen Stadt Italiens »residierte«, so nennt man das doch wohl bei den Bischöfen. Und dann soll es von ihm eine Predigt geben, die er über die Windel Jesu gehalten hat. Das ist schon alles. Aber ich bin auch wieder froh, daß ihr die Geschichte noch nicht kennt. Denn gerade das möchte ich erzählen, wie es zu dieser Predigt kam. Das heißt, eigentlich geht es mir um etwas ganz anderes, nämlich darum, daß Gott offenbar nicht nur lachen, sondern auch schmunzeln kann. Aber das werdet ihr hoffentlich von selber merken.

Der Bischof Marcellus war einer von den reichen Bischöfen an einer reichen Kirche. Weil sie zu einem Bischof gehörte, nannte man sie »Kathedrale«, das klingt schon sehr feierlich, und so sah sie auch aus. Sie hatte siebenundzwanzig Altäre, einer schöner als der andere, alle mit großen Ölgemälden und marmornen Säulen und goldenen Leuchtern. In der Mitte stand der riesige Hochaltar mit dem Bild Mariens und des Jesuskindes, denn ihr war die Kirche geweiht. Außerdem besaß sie wertvolle Reliquien, einen Zahn Jesu, eine Haarlocke und einen Fingernagel Mariens und den linken Oberarmknochen vom heiligen Nikolaus, alle in Gold gefaßt in den Hochaltar eingefügt.

Ihr müßt nicht denken, Marcellus sei ein schlechter Bischof gewesen, weil er reich war. O nein! Er betrachtete den Reichtum seiner Kirche, der sich aus Abgaben der Stadt, der Bauern in der Umgebung und aus vielen Opfern und Spenden zusammensetzte, als einen Reichtum, der nicht ihm, sondern Jesus selber zukam, dem König über die ganze Welt. Ein Weltkönig muß schließlich auch äußerlich ein bißchen von sich hermachen, das wird jeder verstehen. Übrigens sah auch das Kind auf dem Marienbild schon aus wie ein erwachsener König mit einem kleinen kindlichen Körper. Sicher habt ihr solche Gemälde auch schon betrachtet, wo man sich wundert, daß ein Säugling so ausgesehen haben soll! Das lag daran, daß die Maler damals ähnlich dachten wie Bischof Marcellus: Ein gewöhnliches Kind, sozusagen ein ordinärer Säugling, der nachts schreit, dem die Milch aus der Brust seiner Mutter zu den Mundwinkeln herausläuft, weil er solchen Hunger hat, und der zu jeder passenden und unpassenden Tageszeit die Windeln vollmacht – das konnte doch nicht der König der Welt sein! Der Bischof Marcellus war nicht nur überzeugt davon, daß schon der Säugling Jesus ein königlicher Säugling gewesen sei, er disputierte darüber auch mit den gelehrten Größen seiner Zeit, und da er ein sehr kluger Mann war, glaubten ihm alle gern. Vielleicht waren sie auch alle ganz gern reich und hatten schöne Kirchen und schöne Gewänder und natürlich auch schöne Gehälter, aber man ist lieber reich mit einem guten als mit einem schlechten Gewissen.

Gerade am Heiligen Abend hatte der Bischof wieder einmal eine ergreifende Predigt gehalten über das »königliche Kind«, und er ging gedankenvoll, bewegt von seinen eigenen Worten, seinem Hause zu, das man besser einen Palast nannte. Beinahe wäre er über ein kleines Bündel gestolpert, das auf seiner Türschwelle lag. Im letzten Augenblick wurde er gewahr, daß da nicht nur ein Paket lag, sondern ein winziges Kind, säuberlich in leinene Tüche verpackt.

Nun war es damals so ungewöhnlich nicht, daß Menschen ihre Kinder aussetzten, auch nicht, daß sie die Säuglinge an Türen Reicher niederlegten in der Hoffnung, es werde ihnen dort vielleicht besser gehen als bei ihren leiblichen Eltern. Und manchmal waren die Betroffenen sogar solche, die selber nichts hatten, weil die reiche Kirche Anspruch auf ihre Ernte erhob, weil sie der Lehnsherr war, der erst satt sein mußte, ehe diejenigen essen durften, die das Land bebauten. Ungewöhnlich war auch nicht die Heilige Nacht. Man kann sich halt nicht heraussuchen, wann die Kinder geboren werden. Ungewöhnlich war nur der Zettel, der an das Bündel geheftet war und auf dem mit ungelenker Schrift geschrieben stand: »Ein königliches Kind für den Herrn Bischof Marcellus«. Dieser Zettel war es auch, der den Bischof daran hinderte, das Bündel sogleich in das Spital weiterzugeben oder in eines der ihm unterstellten Klöster, wie er das schon manches Mal getan hatte. Nicht daß sogleich sein Gewissen geschlagen hätte, aber er war ein gebildeter und schöpferischer Mann, und deshalb beschäftigte ihn der Inhalt der Mitteilung, zwar unbewußt, aber desto eingehender. Jedenfalls nahm er nach kurzem Besinnen das Bündel auf den Arm und trug es nach oben. Da am Heiligen Abend alle Menschen etwas Besseres zu tun haben, als fremde Säuglinge zu pflegen, und da unser Bischof im Grunde seines Herzens ein guter Mensch war, schickte er die Frau, die ihm die Wirtschaft versorgte und die die Hände über dem Kopf zusammenschlug wegen des überraschenden Weihnachtsgeschenks, das der Herr Bischof mit ins Haus brachte, wieder zu den anderen Bediensteten des Hauses, mit denen sie eben ein wenig zu feiern begonnen hatte. Er bat sie nur, wenn möglich, eine Amme zu besorgen. Sie wußte auch gleich in der nächsten Nachbarschaft eine junge Mutter, die Milch im Überfluß hatte. Denn damals stillten die Mütter, und ihre Milch brauchte noch nicht nach Gramm bemessen und durch Trockenmilch ergänzt zu werden. Aber als diese Mutter, die ihr Geschäft mit dem Kind schnell und emsig abwickelte, während der höfliche und überdies keusche Bischof nach draußen gegangen war, sich des Kindes auch in den üblichen Dingen annehmen wollte, die einen Säugling vor fünfhundert Jahren ebenso betrafen wie heute, winkte der Bischof ab. Für diesen Abend, meinte er, wolle er sich selbst versuchen. Gott werde ihm zweifellos behilflich sein, denn da er seine Finger grundsätzlich überall im Spiele habe, werde er wohl auch Bescheid wissen um diesen Findling. Freilich stand er zunächst ein wenig ratlos vor dem Bündel, als die fremde Mutter den Raum verlassen hatte. Schließlich faßte er vorsichtig einen Zipfel des linnenen Tuches, dann den anderen, dann breitete er das ganze Tuch über seinen Arbeitstisch, weil er in der Eile das Bündel nun mal dorthin gelegt hatte. Danach machte er sich an die Windeln. Nun, die Windeln waren so, wie Windeln eben zu sein pflegen, wenn Säuglinge eine Weile drin gelegen haben, nicht anders als heute auch; und darin unterscheiden sich die Windeln von späteren Schneiderinnen und Schnelldrehern in keiner Weise von denen späterer Könige oder Weltmeisterinnen im Kunstspringen oder Ministerpräsidenten. Auch ohne daß der Bischof in dieser Sache über Erfahrungen verfügte, wußte er über den Inhalt sofort Bescheid. Also legte er das linnene Tuch in den Sessel, bettete den Säugling vorsichtig darauf, damit er nicht herunterfallen konnte, und lief mit der vollen Windel an den Ort, wo er sie zunächst entleeren konnte, um sie dann in der Küche zu reinigen. Für einen Bischof besorgte er dieses Geschäft ganz gut, auch wenn das Objekt nach der Säuberung nicht gerade blütenweiß erschien, aber es war doch wieder tragbar. Und in Ermangelung einer zweiten Windel und eingedenk des Heiligen Abends, an dem er nicht noch einmal jemand stören mochte, hängte er das gereinigte Stück an seinen Ofen, setzte sich in seinen Schreibtischstuhl und faltete die Hände. Denn obwohl er sich die Botschaft noch nicht deuten konnte, war ihm doch inzwischen klar, daß Gott ihm an diesem Abend etwas Besonderes sagen wollte. Deshalb behielt er das Kind – es war ein Junge – auch während des Gebetes im Blick.

Da sah er, wie das kleine Gesicht zu leuchten begann, als hätte es einen Kranz von Kerzen um sich. Und plötzlich verwandelte sich das Gesicht für einen einzigen Augenblick. Es wurde erwachsen wie das Gesicht des Kindes auf dem Marienbild, aber es hatte keinen königlichen Kopf, sondern war geschmückt mit einer Dornenkrone und entstellt von Schmerzen. Einen Augenblick später lag der Säugling wieder als richtiger kleiner hilfloser Säugling in seinem wohlverdienten Schlummer. Aber der Bischof fand in dieser Nacht keinen Schlaf. Der Gekreuzigte! Nicht der König, sondern der Gekreuzigte! Er schlug die heiligen Schriften nach und las, als ob er sie noch nie gelesen hätte. Natürlich, hier stand, daß Jesus Hunger hatte, hier stand, daß er weinte, als er vom Tode des Lazarus erfuhr, hier stand, daß er im Garten Gethsemane schwitzte vor Angst – und nach Ostern zeigte der Herr dem ungläubigen Thomas seine Wunden, damit nur ja keiner auf den Gedanken käme, er sei nun ein anderer als vorher, er könne nun nicht mehr den Menschen ihr Leid nachfühlen und habe keine Schmerzen mehr um ihrer Schuld willen.

Von dieser Nacht an änderte der Bischof sein Leben. Und das neue Leben begann mit der Predigt über die Windel Jesu am ersten Christtag! »Seht«, sagte er, »Gott hat mir durch eine Windel gezeigt, daß der Herr keine reiche Kirche will, sondern eine arme, daß er auch als König unser Bruder sein will und unser Helfer in der Not, an den man sich immer wenden kann, weil man ihn nicht mehr fürchten muß.«

Zwar glaubten ihm nun nicht alle reichen Bischöfe und Ordenspriester und Professoren, sie sagten vielmehr, wenn er auf einmal so dächte, da wollten sie doch lieber erst einen anderen gelehrten Herrn befragen, der es vielleicht genauer wüßte. Aber in seinem Bistum hatte von da an mancher zu essen und manch anderer keine Veranlassung mehr, sein Kind einem reichen Herrn vor die Tür zu legen. Und seht ihr, mit einer Windel fing es an, mit einer – um es ein wenig undeutlich auszudrükken – benutzten Windel fing es an, und deswegen meine ich, daß Gott auch schmunzeln kann.

Von der Erfindung der Weihnachtsfreude

Die Geschichte, die ich euch erzählen möchte, spielt im Himmel, und ich bin in einiger Verlegenheit, wenn ihr mich jetzt fragt, wo der Himmel ist. Den Zeitpunkt unserer Geschichte kann ich euch genau nennen, es war im Jahre 1 vor der Geburt unseres Herrn, des Kindes Jesus von Nazareth. Aber wo? Als aufgeklärter Mensch der Gegenwart weiß ich natürlich, daß der Himmel nicht über uns ist. Aber ich weiß auch, daß es im Himmel ein großes Gelächter gegeben hat, als eine Fülle von kleinen und großen Kugeln ohne und später mit Menschen durch das Weltall sausten, die hofften, in den Himmel sehen zu können, oder auch hofften, gerade nicht in den Himmel sehen zu können, zum Beweis dafür, daß es so etwas gar nicht gibt. Natürlich gibt es so etwas, aber wo? Am ehesten glaube ich noch, daß man den Himmel sehen kann, wenn man zuerst in den Spiegel schaut und sich ansieht. Dann schließt man die Augen ganz fest und denkt nach. Worüber? fragt ihr. Über sich selbst natürlich! Warum? Ja, das kann ich so rasch nicht erklären, denn dann käme ich heute überhaupt nicht mehr zu meiner Geschichte. Ihr müßt es eben probieren, dann sprechen wir uns wieder.

Im Himmel war gerade eine Beratung, eine »Diskussion« würden wir sagen, aber im Himmel gibt es keine Diskussionen wie auf der Erde, obwohl man dort sehr oft miteinander berät und einander viel Kritisches sagt – aber es wird nichts übelgenommen. Und wo gibt es schon auf der Erde eine Diskussion, in der nichts übelgenommen wird? Im Himmel wird immer die Wahrheit gesagt, das heißt, es wird weder was verschwiegen noch was erzählt, was nicht stimmt. Und sowie einer laut reden und schimpfen will, verwandelt sich jedes Wort schon im Munde in ein gesungenes Halleluja. So ist das im Himmel.

Das Thema der heutigen Beratung war die Ankunft des Messias auf der Erde. »Ich meine, es ist soweit«, sagte Gott Vater. »Die Menschen haben lange genug ausgeharrt, und wir haben durch unsere Propheten die Sache schon mehrmals bekanntgegeben und versprochen, nun müssen wir endlich was tun. Über tausend Jahre warten die Menschen, das ist eine lange Zeit, wenigstens auf der Erde.« Und dann überlegten Gott und die Engel, die mit ihm im Himmel wohnten, wie man das wohl machen könne, den Messias schicken. Einer schlug vor, man solle einfach den jetzt regierenden König von Juda nehmen. »Du baust ihn um, Gott Vater, zu einem Heiligen, denn das ist er leider noch nicht. Aber du wirst sehen, wie gut er sich macht.« Andere waren mehr für einen Propheten, einer nannte sogar den Namen Johannes, der später der Täufer hieß. Wieder andere waren für einen Fürsten aus einem der übrigen Stämme Israels. »Einer, mit dem sie nicht so rechnen, kann sich eher durchsetzen! Denn wenn er aus dem Haus Juda kommt, vergleichen sie ihn mit dem großen König David, und womöglich schneidet er dann schlechter ab, der Messias. Das schadet unserem Ruf im Himmel.«

Gott Vater war mit keiner der vorgebrachten Ideen einverstanden. »Zu wenig Freude!« sagte er. »Zu wenig Freude! Wenn der Messias kommt, sollen sich die Leute freuen. Gleich wenn sie ihn zum erstenmal sehen, sollen sie sich freuen. Lachen sollen sie! Und ich fürchte, sie fürchten sich, anstatt zu lachen. Wenn einer mit einem Säbel kommt! Oder mit einer Krone und einem prächtigen Purpurmantel! Mit so einem redet man doch nicht, da geniert man sich, da hat man einfach Angst, auf der Erde.« Gott Vater schaute sich um. »Hier gibt's ja – mir sei Dank – so was nicht mehr. Kronen, Säbel und Purpurmäntel müssen sie alle unten lassen. Oder wenn er kommt wie ein Prophet, mit einem Kamelhaarfell und wildem Bart, das macht doch keine Freude. Wie muß einer aussehen, damit man sich freut?«

Der Engel Gabriel kaute an seinen Fingernägeln. Das tat er immer, wenn er scharf nachdachte, obwohl sich das auch im Himmel nicht gehört. »Schmeckt's?« fragte Gott Vater. »Nein«, sagte Gabriel und wurde rot dabei, »ich werd' lieber eine Schere nehmen.« Alles lachte, aber Gabriel war noch nicht fertig. »Vielleicht wie ein Kind?« sagte er. »Über ein Kind freut man sich immer.« »Ein Kind?« Gott Vater stemmte die Arme in die

Seiten. »Ein Kind? Natürlich, ein Kind! Habt ihr schon ein einziges Mal einen Menschen gesehen, der sich fürchtet, wenn er ein Kind sieht, einen Säugling? Ich nicht. Das gibt's auf der ganzen Erde nicht und im Himmel erst recht nicht. Ein Kind macht immer Freude.« Gott Vater legte die Stirn ein wenig in Falten. Dann fügte er hinzu: »Wenigstens, wenn es noch klein ist.« Jetzt hatten sie's: ein Kind! Der Messias mußte als Kind auf die Welt kommen. Und Gabriel sollte es den Menschen bekanntgeben, weil es seine Idee gewesen war. Das heißt, er sollte es dem Menschen bekanntgeben, den Gott als Mutter bestimmt hatte, Maria aus Nazareth. Aber Gabriel war nicht zufrieden. »Und wer spielt das Kind? Wen nehmen wir da? Das Kind vom König Herodes? Das geht doch wohl nicht. Oder von einem Propheten? Oder von einem Rabbi aus Jerusalem? Das Kind wird erwachsen, daran muß man denken. Und es soll doch ein tüchtiger Erwachsener werden. Wer weiß, was ihm noch alles bevorsteht.« Alle dachten wieder angestrengt nach. »Wer spielt das Kind?«

»Ich«, sagte Gott Vater.

Jetzt hätte es im Himmel beinahe eine richtige weltliche Diskussion gegeben. »Du? Das geht doch nicht«, sagte der eine. »Ein richtiger Mensch? Gott als ein Kind? Da lachen ja die Menschen.« »Sie sollen doch lachen«, sagte Gott Vater. »Natürlich, lachen sollen sie. Aber sie sollen doch Gott nicht auslachen! Das ist doch was ganz anderes.« Gott Vater lächelte. »Vielleicht nicht. Ist es nicht besser, alle lachen, wenn sie mich sehen, auch wenn ein paar darunter sind, die mich auslachen?« »Und der Himmel? Der soll wohl leerstehen?« »Ja«, sagte Gott Vater. »Und wenn das schiefgeht, unten auf der Erde?« »Es geht schief«, sagte Gott Vater, »aber das versteht ihr jetzt noch nicht.«

Im Himmel war es ganz still geworden. Gabriel kaute wieder an seinen Fingernägeln, aber diesmal bemerkte es keiner, außer vielleicht Gott, aber er tat so, als merke er nichts. »Es geht schief! Das sagst du so! Und wir? Denkst du gar nicht an uns?« Gabriel war nahe am Weinen. Gut, daß die Engel Männer sind und sich deshalb ein bißchen zusammennehmen müssen. »Natürlich denke ich an euch. Aber ich denke auch an die Menschen. Schließlich kann mit Engeln nicht mehr viel passieren. Aber mit den Menschen, mit denen kann sehr, sehr viel passieren. Und deswegen geht es schief mit mir.«

»Warum? Warum nur?« Das fragten mindestens sieben Engel gleichzeitig. »Damit es gut geht!« sagte Gott Vater. »Aber da reden wir in vierunddreißig Jahren wieder drüber. Jedenfalls fängt es mit Freude an, weil es mit einem Kinde anfängt. Und das verspreche ich euch: Zuletzt wird wieder Freude sein, und sie wird bleiben!«

Was sagt man da?

Wie ihr sicher alle wißt, waren die Heiligen Drei Könige gar keine Könige, sondern »Weise«. So steht es in der Bibel, und ich bin froh darüber, denn Könige gibt es heutzutage fast keine mehr. Und wo es noch welche gibt, haben sie nichts zu sagen. Deshalb finde ich Könige ein bißchen komisch, und manchmal glaube ich, sie finden sich selber ein bißchen komisch, denn wenn man sie mal in der Zeitung abgebildet findet, dann tragen sie weder eine Krone, noch reiten sie auf Kamelen. Und sie haben kein Zepter in der Hand und keinen roten Mantel um, sondern sehen aus wie du und ich – vorausgesetzt, wir würden unseren Anzug mitsamt Schlips und Hut in einem exquisiten Geschäft kaufen. Deshalb ist es mir lieb, daß an der Krippe Jesu keine Könige knieten, sondern Professoren, Wissenschaftler, Philosophen, Erfinder, jedenfalls unerhört kluge Leute, die nicht nur in den Sternen Bescheid wissen, sondern auch in den Nieren und Blinddärmen, in Werkzeugmaschinen und Computern, in uralten Urkunden und brandneuen Patentanmeldungen. Ich kann mir nicht denken, daß die Welt sehr viel anders aussähe, wenn es nie Könige gegeben hätte, aber ganz sicher sähe sie völlig anders aus ohne solche gescheiten Männer. Und wenn Jesus erst heute geboren worden wäre, dann wären von den drei Weisen sicher wenigstens zwei weise Frauen gewesen, denn inzwischen haben sogar die Männer gemerkt, daß die Frauen klüger sind, wenn es darum geht, die gefährlichen Erfindungen der weisen Männer einigermaßen vernünftig und friedlich anzuwenden.

Es waren Weise, die sich auf den Weg gemacht hatten aus dem Orient in das jüdische Land. Ihre Namen sind überliefert, wenn auch nicht durch die Bibel, sondern erst durch spätere gescheite Bücher. Sie hießen Kaspar, Melchior und Balthasar – und einer von ihnen soll schwarz gewesen sein. Gerade von dem will ich euch erzählen. Er war der Bescheidendste von den dreien und deswegen vermutlich auch der Klügste, denn ich habe es oft beobachtet, wenn ich weise Männer und Frauen kennenlernte: diejenigen, die viel geredet haben, waren in der Regel nicht die Klügsten. Kaspar, so hieß der Schwarze, blieb unterwegs immer ein bißchen zurück. Er zückte ein kleines Wachstäfelchen und schrieb. Dann dachte er nach, schüttelte den Kopf, wischte das Geschriebene wieder aus und rannte seinen beiden Gefährten hinterher, mit kleinen, unbeholfenen Schritten, denn sehr kluge Leute waren schon damals keine großen Sportler, sie hatten auch noch kein Turnen als Pflichtfach in der Schule. Wo hätten sie es sonst lernen können? Und wann wäre ihnen in der Wiege gesungen worden, daß gerade ihre Klugheit sie eines Tages zwingen würde, quer durch die Wüste zu marschieren über wenigstens achthundert Kilometer?

Melchior und Balthasar waren redegewandter und – siehe oben – zwar nicht so klug, dafür aber sportlicher. Und sie ärgerten sich über den ständig zurückbleibenden Kaspar. »Beeil dich«, rief Melchior. »Schließlich wollen wir den König nicht erst begrüßen, wenn er in die Schule kommt! Womöglich ist er dann gerade nicht zu Hause, wenn wir ihn sehen wollen.« »Was hast du nur dauernd zu schreiben?« fragte Balthasar. »Ich wüßte nicht, was es in dieser weder sehens- noch beschreibenswerten Wüste aufzuschreiben gäbe, kein Baum und kein Strauch und nicht einmal ein winziges Büschel Gras! Bei der nächsten Wasserstelle magst du aufschreiben, was du, Sonderbarer, aufzuschreiben hast! Aber jetzt komm, denn wir möchten nicht verdursten! Wenigstens nicht, ehe wir den neuen König gesehen haben.« Da tat Kaspar den Mund auf. »Es ist nur ...« Mehr brachte er nicht heraus, denn ihm war offenbar gerade etwas eingefallen. Er blieb stehen und griff nach seinem Wachstäfelchen. »Was ist ›nur‹!« Balthasar war ärgerlich. Man hörte es nicht nur, man sah es ihm auch an, denn er blieb ebenfalls stehen und stemmte die Arme in die Hüften. »Was ist ›nur‹? Wenn wir schon immer auf dich warten müssen, kannst du uns wenigstens erklären, warum!« »Ich überlege, was ich sagen soll, wenn ich den neuen König sehe. Man muß doch was sagen! Und das muß man doch überlegen! Er ist schließlich nicht irgendwer! Und ich möchte einen guten Eindruck machen.« Da lachten die beiden anderen Weisen.

Das war auch wirklich zum Lachen. »Hör mal!« sagte Melchior. »Erstens sind wir gescheite Leute, wir wissen immer was zu sagen! Da uns hier in der Wüste niemand hört, kann ich ruhig hinzufügen: wir wissen auch noch was zu sagen, wenn wir nichts zu sagen haben! Ein Grußwort werden wir wohl noch zusammenbringen! Bei wieviel Kongressen habe ich schon wie viele Reden gehalten! Und bedenke: es handelt sich um ein Kind! Solange ein König ein Kind ist, versteht er überhaupt nichts. Deshalb ist das kein Problem. Steck deine Tafel ein und spute dich, wir haben nicht viel Zeit. Wenn wir zurück sind, wartet ein Haufen Arbeit auf uns!« Damit wandte er sich wieder nach Westen und schritt kräftig aus in der Meinung, dem gäbe es nichts hinzuzufügen. Kaspar fügte dem auch nichts hinzu. Aber er blieb doch immer wieder einmal stehen, holte sein Täfelchen aus dem Beutel und wollte schreiben. Meist ließ er es wieder, wenn er seinen Gefährten nachschaute, aus Angst, sie könnten mit ihm schimpfen. Dafür murmelte er vor sich hin. Wer genau zuhörte, konnte einzelne Worte verstehen: »Lieber König ... Hochwohlgeborener König... Ehrwürdiger König... ach nein, das geht nicht... wie sag ich's nur?« und so weiter. Wenn er's nicht aufschreiben durfte, so wollte er sich's wenigstens denken.

Es kam ganz anders. Mit dem König Herodes konnten die drei noch reden, frei und offen, ganz ohne Konzept und Vorbereitung. Ihr kennt die Geschichte ihres Besuches im Königspalast zu Jerusalem. Vor den Mächtigen haben die Klugen keinen sehr großen Respekt, weil gerade die Mächtigen oft gerade deshalb sehr mächtig wirken wollen, weil sie nicht sehr klug sind. Und das wissen die Klugen. Deshalb hat schon oft ein sehr Mächtiger einem sehr Klugen keine Antwort geben können und ihm lieber den Kopf abgeschlagen, damit der Kluge ihm keine Fragen mehr stellte, aus deren Antwort dem Klugen und vielleicht auch anderen hätte klar werden können, daß der Mächtige eben nur mächtig und nicht auch klug war. Herodes konnte den drei Weisen auch nicht selber antworten. Er mußte sich ein paar Weise aus Jerusalem besorgen, wie ihr euch erinnert. Aber als die drei vor der Krippe standen, brachten sie kein Wort heraus. Es verschlug ihnen die Sprache. Stumm knieten sie nieder und beteten das Kind an. Das steht schon in der Bibel, daß man manchmal beim Beten nicht weiß, was man sagen soll, so daß Gott selber sich etwas einfallen lassen und unser Gebet an unserer Stelle an sich selber richten muß – und weil er so gut ist mit uns, tut er das auch.

Ja, mit einem solchen Gott hatten die drei nicht gerechnet. Gott als Kind! Als richtiges kleines Kind! Liebenswert und machtlos, nur mit einer einzigen Macht begabt, mit der Liebe. Und das spürten die drei – und da verschlug es ihnen die Sprache. Wenn man geliebt wird, schweigt der Verstand. Da redet nur noch das Herz – und das Herz hört man nicht reden, man sieht es nur und spürt es, an einem rotgewordenen Gesicht oder einem zärtlichen Arm, der sich dem Geliebten um den Hals legt, oder einem Kuß, irgendwo hingedrückt, wo man es sich gerade getraut und wo es sich anbietet. Bei den drei Weisen sah und spürte es jeder an der Art, wie sie niederknieten und nichts zu sagen wußten.

Ich bin sehr froh, daß es so gekommen ist. Denn manchmal habe ich vor den klugen Menschen Angst. Sie sind einfach zu klug geworden für mich. Sie wissen alles und können alles und werden von allen anerkannt, sie »zählen« in der Welt, in der ich lebe, und ich »zähle« nichts. Und wer nichts zählt, ist bekanntlich eine Null. Möchtet ihr gern eine Null sein? Wer möchte das schon! Aber bei diesem Kinde zählen die Nullen, nein, da werden selbst die Klugen zu Nullen und haben mir nichts mehr voraus. Wie gut, daß die drei Weisen im Stall zu Bethlehem sprachlos waren!

Rätsel

Wer raucht
und schadet nicht der Lunge?
Wer schmaucht
und schmeckt's nicht auf der Zunge?
Und wer hat, wenn er raucht, den Rauch
nicht nur im Hals, nein, auch im Bauch?

(Der Räucherkerzelmann)

Ich…
(Pünktchen, Pünktchen, Pünktchen)

Wenn ihr jetzt meine Geschichte lest oder hört, dann hätte ich eigentlich einen Wunsch. Ich wünschte, unter euch wäre keiner, der in der Wut zu seiner Frau oder dem Mann, zu den Kindern oder vielleicht sogar zum Nachbarn oder zum Lehrling sagt: »Du Ochse« oder: »Du Esel«. Viel lieber wäre es mir, wenn ihr statt dessen ab und zu einmal sagtet: »*Ich* Ochse«, oder meinetwegen auch: »*Ich* Esel«. Alle die, die sagen »Du…« und so weiter, die verderben nämlich die Stimmung. Der Angeredete schweigt, beleidigt oder empört, in meiner Heimat sagt man: er zieht eine »Fleppe« – oder er sucht nach einer Tiergattung, die auf Menschen noch beleidigender wirkt als Ochsen und Esel, etwa wie… nein, ich will schließlich euren Wortschatz in dieser Hinsicht nicht erweitern.

Wo einer dagegen sagt: »Ich Ochse«, oder: »Ich Esel«, geschieht ein mittleres Wunder. Ein hitziger Streit wird zum Beispiel durch Gelächter abgelöst, eine sehr gespannte Atmosphäre wird entspannt, man sagt erleichtert: »Das stimmt aber!« oder: »Gott sei Dank, jetzt hat er's eingesehen!« oder auch nur: »Na endlich!« Und alles ist wieder gut. Ich habe es leider nicht in der Hand zu bestimmen, zu welcher Gruppe ihr gehört, aber ich wünschte mir, ihr gehörtet zur zweiten Gruppe.

Vielleicht kann euch die Geschichte dabei helfen, die ich euch erzählen möchte. Unter Umständen könnt ihr dann sogar die Pünktchen in der Überschrift ergänzen – und es ist bei euch und in euch alles wieder gut. Mal sehen.

Bei meiner Geschichte handelt es sich um eine Weihnachtsgeschichte, denn daß ein Ochse und ein Esel dabei waren, als Jesus geboren wurde, das weiß jedes Kind. Schließlich war ihr Stall die Entbindungsstation – würde man heute sagen.

Leider teilt die Bibel über die beiden nichts mit. Was über sie lesenswert ist, sollt ihr deshalb heute von mir erfahren. Die beiden haben sich nämlich immer gestritten. Wer Ochsen und Esel kennt, wird sich darüber nicht wundern. Sie waren einfach zu verschieden. Mal machte der Esel zu viel Krach, mal schwieg der Ochse sich aus und sagte den ganzen Tag kein Wort, obwohl der Esel sich so gern unterhalten hätte, mal nahm er dem Esel den Platz weg, und mal nahm der Esel dem Ochsen den Platz weg, mal fraß der eine die schönen saftigen Halme, mal der andere – ach, es war wie bei den Menschen. Oft warf der eine dem anderen dasselbe vor. »Du hast heute geschnarcht, ich konnte nicht schlafen!« »Nein, du hast geschnarcht.« »Nein, du!« und so weiter. Und wenn ihnen nichts mehr einfiel, dann sagten sie: »Auf so eine verrückte Idee kann nur ein Esel kommen!« beziehungsweise: »Auf so eine verrückte Idee kann nur ein Ochse kommen!« Und wie Menschen, die sich dauernd streiten, erfanden sie dafür mit der Zeit

Abkürzungen wie: »Typisch Esel!« und »Typisch Ochse!« Und zuletzt nur noch: »Du Ochse!« und »Du Esel!«

Ihr könnt euch denken, was los war, als plötzlich in ihrer Krippe ein kleines Kind lag. Bis dahin hatten sie in ihrem ständigen Streit gar nicht wahrgenommen, daß Maria und Joseph in ihren Stall eingezogen waren. Maria und Joseph wußten, was sich gehört. Sie hatten sich still in eine Ecke verzogen und gaben sich Mühe, die Tiere nicht zu stören, bis Maria mit anstrengenderen Dingen beschäftigt war. Und die Folge dieser Anstrengung in die Krippe legte! »Was soll das sein?« sagte der Ochse. »Was hast du mir ins Essen gelegt, du Ochse?« sagte der Esel. »Ich? Wie käme ich dazu! Das ist der typische Einfall eines Esels!« »So wenig Verstand kann nur ein Ochse haben, daß er ein kleines Menschenkind statt ins Bett in eine Krippe legt!« sagte der Esel. Und so weiter. Bis das Kind weinte, denn der Ochse hatte es mit dem Maul unsanft auf die Seite geschoben, an der der Esel immer fraß. Und der Esel schob es wieder zurück. Ich kenne ein ganz altes Bild von der Krippe, nicht gemalt, sondern in Stein gehauen. Man sieht nur die Köpfe von Ochse und Esel und davor ein kleines, eng umwickeltes Bündelchen mit dem Jesuskind. Jetzt weiß ich, warum Maria ihr Kind mit vielen Binden umwickelt hatte: damit ihm der Ochse und der Esel nicht wehtun konnten! Ja, Maria wickelte ihr Kind. Aber als sie damit fertig war, schauten die beiden Tiere das Kind zum ersten Mal richtig an. Erst stand ihr Maul noch offen vom Schimpfen, aber bald machten sie es zu, weil ihnen das Schimpfen verging. Sie hatten einander beim Anblick des Kindes regelrecht vergessen, und plötzlich, nach einer langen Pause, fuhr der Esel mit seinem geschlossenen Maul ganz sachte über das Kind hin. Wenn er ein Mensch gewesen wäre, hätte man gesagt: er streichelte es. Da fing der kleine Junge an zu lächeln. Gleich wollte der Ochse auch angelächelt werden und fuhr mit seinem Maule über das winzige Gesicht. Der kleine Kerl jauchzte laut auf.

Nun spielten sie eine Weile mit ihm und hatten für nichts anderes Augen als für den Jungen in ihrer Krippe – bis der Esel, mehr zufällig als beabsichtigt, den Kopf hob und dem Ochsen ins Gesicht schaute. Er staunte. Das war ja gar nicht der alte, zanksüchtige Ochse, das war ein – beinahe hätte ich gesagt: ein ganz netter Mensch! Aber ich muß natürlich sagen: ein ganz netter Ochse. Der Esel sah ihn mit neuen Augen und sagte: »Ich Esel!« »*Ich* Esel!« Als das der Ochse hörte, wandte er seinen Kopf und sah seinerseits dem Esel ins Gesicht, und es ging ihm ebenso. Er sagte: »Ich Ochse!« Beide lachten und waren von Stunde an gut Freund. Ich denke, das hatte etwas mit dem Kinde zu tun. Ganz sicher! Ihr müßt es einmal ausprobieren. Wenn ihr zu Hause ein Bild habt von der Krippe oder gar eine geschnitzte oder eine Krippe aus Keramik, dann schaut euch das Kind einmal an, geduldig und genau. Es könnte euch passieren, daß ihr wie der Ochse und der Esel plötzlich sagen müßt: »Ich...«

Na, und was wohl noch?

Kindergebet zur Weihnacht

Herr Christ, du kommst zur Welt heut'. Käm
dein Glanz doch auch zu mir.
Geh heut nicht nur nach Bethlehem,
wir brauchen dich auch hier.

Ich hab's dir früher schon erzählt,
die Eltern sind sehr nett.
Nur manchmal streiten sie ums Geld
und manchmal auch im Bett.

Schau bitte nebenan mit rein,
Frau Meier ärgert sich
bei Regen und bei Sonnenschein
und immer über mich.

Geh heut nicht nur nach Bethlehem!
Man braucht dich überall.
Der Lehrer braucht dich, außerdem
sogar der General.

Herr Christ, ich freu' mich heute, wenn
du kommst. Ich klink' die Tür
schon leise auf. Wie ich dich kenn',
kommst du bestimmt zu mir.

Streit um Maria

Das Dorf, von dem ich euch erzählen möchte, lag im Gebirge, an einen großen Berg gelehnt, »gekuschelt« würde meine Mutter sagen. Die Kirche stand in der Mitte und sah von weitem aus wie eine Henne auf ihrem Nest. Alle Häuschen wirkten wie Küken. Und das ist ja nicht schlecht, wenn eine Kirche über dem Dorf thront wie eine Henne über ihren Küken. Genauer brauche ich es euch nicht zu beschreiben, denn die Geschichte, die ich euch erzählen will, könnte sich ebensogut in einem Dorf zugetragen haben, das im Tale liegt oder im flachen Lande oder am Hang. Vielleicht ist sie sogar bei euch passiert, in eurer Gemeinde, selbst wenn ihr in einer Stadt zu Hause seid. Kurz und gut: In dem Dorfe bereitete man sich auf die Christvesper vor. Es war eine alte Tradition, daß die Christenlehrekinder zur Christvesper die Weihnachtsgeschichte spielten, immer nach dem gleichen Text. Und jedes Jahr war man aufs neue gespannt darauf, wer wohl den Joseph und wer die Maria spielen würde. Der Pfarrer hatte die sechste Klasse für das Spiel bestimmt, und wir kommen gerade dazu, als er in der Christenlehrestunde vor dem ersten Advent die Rollen verteilt. »Peter«, riefen alle wie aus einem Mund, als der Pfarrer fragte, wer den Joseph spielen solle. Natürlich Peter! Er war der Klassenbeste, in der Schule und in der Christenlehre. Und er hatte schon ein kleines bißchen Stimmwechsel und konnte mitunter wie ein Mann sprechen. Und den 23. Psalm kannte er auswendig und alle Erklärungen zu den Zehn Geboten aus dem Kleinen Katechismus und siebzehn Gesangbuchlieder, sogar Nummer 341, das sich so schwer lernen ließ. Peter mußte den Joseph spielen, das war klar. Und die Maria? Peter wußte, wer die Maria sein sollte, wer seine Maria sein sollte: Gudrun mit den blonden Zöpfen und blauen Augen. Sie war nur wenig kleiner als er selbst, und in seinen kühnsten Träumen sah sich Peter mit Gudrun in der guten Stube sitzen mit vier Kindern am Tisch, zwei Jungen und zwei Mädchen, ihren Kindern, denn Gudrun war seine Frau. Aber natürlich hatte er das noch niemandem gesagt, Gudrun schon gar nicht, denn mit 12 Jahren sagt man das nicht, man weiß es nur ganz genau, viel genauer als die Erwachsenen denken und vielleicht sogar, als es die Erwachsenen wissen, wenn sie sich überlegen, welche Frau und welchen Mann sie sich nehmen sollen. Und Gudrun? Ihr werdet staunen: Gudrun wollte auch gern die Maria spielen, und Gudrun hatte ganz ähnliche Träume, nur daß sie mit Peter in ihrer guten Stube saß mit fünf Kindern am Tisch, vier Jungen und einem Mädchen, und das Mädchen müßte die Jüngste sein. Das wußte selbstverständlich ebenfalls niemand als Gudrun selbst, und selbstverständlich meldete sich Gudrun nicht, als der Pfarrer fragte, wer denn die

Maria spielen wolle. Kinder von 12 Jahren melden sich in einem solchen Falle nicht, und Mädchen schon gar nicht. Sie warten, bis die anderen alle rufen: »Gudrun soll die Maria spielen!«

Natürlich wollen alle Mädchen insgeheim die Maria spielen, das macht die Rollenverteilung in Weihnachtsstücken manchmal recht schwierig. Aber das wißt ihr sicher schon. Jedenfalls gab es diesmal eine Überraschung, als der Pfarrer fragte: »Und wer spielt die Maria?« Ein Mädchen hob die Hand und sagte: »Maria!« denn es hieß Maria. Da lachten alle, sehr laut und ein bißchen gemein. »Die«, sagten sie. »Die kann doch nicht mal richtig reden!« »Und hübsch ist sie auch nicht.« »Die Dümmste von allen!« Da weinte Maria. Sie weinte sehr still vor sich hin, aber alle hörten es. Auf einmal war Ruhe, als wäre überhaupt niemand da außer der schluchzenden Maria. Dazu muß ich euch was erklären.

Maria war zwar auch 12 Jahre, aber sie war ein zurückgebliebenes Kind. Heute sagt man: »Sie ist geistig behindert!« Früher sagte man: »Sie ist ein kleiner Idiot!« Da sie alle auf dem Dorfe wohnten und da das Dorf weit weg war von der nächsten Stadt, konnte Maria in keine besondere Schule oder auch Tagesstätte gehen. Deshalb hatte der Pfarrer einfach versucht, sie mit in die Christenlehregruppe aufzunehmen. Und das ging recht gut. Zwar verstand Maria nicht alles, aber sie hörte genau zu, störte niemals – und manchmal hatte man das Gefühl, sie hätte eine Geschichte noch besser verstanden als alle anderen, bei der Kreuzigung zum Beispiel, wo sie weinen mußte, als Jesus starb. Alle waren peinlich berührt, denn das tat man doch nicht: weinen! Und so aufregend war die Geschichte nun auch wieder nicht, sie lag doch lange zurück. Aber für Maria war es, als hätte Jesus heute sterben müssen. Und der Pfarrer ging hin zu ihr, strich ihr über das Haar und sagte: »Du brauchst nicht traurig zu sein, Maria. Jesus ist ja gar nicht tot, Jesus lebt! Das werde ich euch nächste Woche erzählen, aber dir erzähle ich es schon heute, wenn die anderen nach Hause gegangen sind, damit du nicht mehr traurig bist.«

Tatsächlich erzählte ihr der Pfarrer die Geschichte von Ostern, und Maria lachte wieder und sagte: »Jesus lebt!« Und das sagte sie in Zukunft öfter, zum Beispiel bei den Erzählungen von den zehn Aussätzigen, die die Straße entlang kamen und um Hilfe schrien, und von dem Jungen, der in Nain sterben mußte, oder von dem kleinen Jungen, der blind geboren wurde. Ja sogar, wenn jemand aus ihrer Gruppe stürzte und sich das Knie aufschlug und weinte, sagte sie: »Jesus lebt!« Und als Peters Oma starb, die er sehr liebhatte, und Peter traurig und still war, ging Maria zu ihm, strich ihm über das Haar, genau wie damals der Pfarrer bei ihr selbst, und sagte: »Jesus lebt!« Und Peter ließ es sich gefallen!

Aber jetzt weinte Maria. Und der Pfarrer hatte eine etwas belegte Stimme. »Kinder, die Rollen verteilen wir das nächste Mal. Für heute lassen wir es genug sein.«

Die Kinder hatten sich inzwischen überlegt, wer die Maria spielen solle und wer die Hirten und die Weisen aus dem Morgenlande und die Menschen von heute, die in der Geschichte noch vorkamen. Sie waren jetzt doch alle für Gudrun. Maria und ihre Tränen hatten sie vergessen. Der Pfarrer offenbar auch, denn er redete nicht mehr davon. Er redete nicht einmal von dem Weihnachtsstück, geschweige denn von der Rollenverteilung. Ja, er tat so, als lebe man im Frühjahr oder im Sommer und nicht in der Woche vor dem zweiten Advent. »Kinder«, sagte er, »wir wollen heute einmal darüber sprechen, wie ein Christ eigentlich sein muß.« Dazu schrieb er an die Tafel: »Wie ist ein Christ?« Und dann schrieb er fünf Bibelstellen untereinander. »Schlagt sie auf und sucht heraus, wie ein Christ sein muß! In diesen Bibelstellen steht es. Wer zuerst fertig ist, bekommt einen Kaugummi – aber erst nach der Stunde in den Mund nehmen, verstanden?« Das war nun wieder groß von ihm. Er konnte nämlich Kaugummis nicht leiden, und niemand vergaß sein angeekeltes Gesicht, als er einmal unter der Tischplatte seines eigenen Arbeitstisches einen Kaugummi herauffischte, den jemand schnell vor der Stunde dort angeklebt hatte – ihr wißt sicher, wie man das macht mit Kaugummis, werdet schon selber genug Schwierigkeiten mit der Mutter deswegen gehabt haben. Trotzdem setzte er als Preise immer wieder Kaugummis aus und keine Fleißkärtchen oder Spruchkarten wie andere Pfarrer. Er kannte sich aus in Zwölfjährigen.

Peter kriegte den ersten Kaugummi, Gudrun den zweiten. Die Liste aber sah so aus: geistig arm (er kam an dieser Stelle sogar mit seinem griechischen Urtext an; ganz einfach war die Sache offenbar nicht) – unweise – schwach – fröhlich – demütig –. »Prima habt ihr das gemacht!« sagte der Pfarrer. »Und nun wollen wir mal sehen, was wir alle für Christen sind. Geistig arm! Wer hat einen Zensurendurchschnitt in der Schule von 1?« Natürlich Peter und Gudrun und außerdem Gottfried und Eberhard. Die meisten hatten einen Durchschnitt von 2, vier hatten die 3 – und dann war es schon aus. Der Pfarrer kratzte sich hinter dem Ohr. »Pech. Kein geistig Armer in der Klasse! Da sieht es mit dem Christsein böse aus.«

Da meldete sich Dietmar, der wohl erst jetzt seine Bibelstelle gefunden hatte (seine sprichwörtliche »lange Leitung« gab immer wieder Anlaß zur Heiterkeit – aber auch zu vertieftem Nachdenken): »Bei mir steht: Freuen dürfen sich alle, die mit leeren Händen vor Gott stehen…« – »Ja, Kinder, genau das ist es: Steht einer so da, wenn er Gott seine Einsen wie auf einem Präsentierteller serviert – bitteschön –? Wer selber so viel hat, erwartet der noch etwas von Gott?«

»Kommen wir zu den Unweisen. Ich würde sagen, unweise ist einer, der im Leben manchmal nicht weiter weiß, der sich nicht zu helfen weiß, der Angst hat, sich zu entscheiden. Mit wem ist das so unter euch?« Er schaute prüfend die Reihen entlang. Keiner meldete sich. Nicht weiter wissen?

Natürlich wußten manche manchmal nicht weiter, aber wer gibt das schon mit 12 Jahren zu? Durfte man sich das überhaupt merken lassen? Das fehlt gerade noch. Alle schauten zu Boden. Nur Gudrun drehte sich langsam um und schaute Maria an, nachdenklich, mit ein paar tiefen Denkfalten in der Stirn – aber da alle anderen mit sich beschäftigt waren, hatte es keiner gemerkt, nur vielleicht der Pfarrer.

Er lächelte nämlich, so als freute er sich. »Können wir immer noch keinen eintragen in unsere Liste!« Er hatte inzwischen hinter die fünf Begriffe eine zweite Spalte an die Tafel gemalt, und in diese Spalte schrieb er nun ein großes Fragezeichen. Auch die Überschrift hatte er heimlich ergänzt. Dort stand jetzt: »Wie ist ein Christ?« Und darunter: »Wer ist ein Christ – in der Sechsten?«

»Jetzt kommen wir zu den Schwachen. Da frage ich am besten nach den Zensuren im Sport!« Keiner hatte unter 2! Endlich, bei »fröhlich«, hoben sie die Hand. Fröhlich waren sie alle, sogar Maria hob die Hand. Diese Frage hatte sie verstanden, und schon deshalb war sie jetzt in diesem Augenblick fröhlich. Vorher hatte sie angestrengt auf die Tafel geschaut und dann auf ihren Tisch und an den Fingernägeln gekaut. Das tat sie immer, wenn sie nicht weiterwußte, alle kannten das. Aber jetzt wußte sie weiter. Und der Pfarrer schrieb in die zweite Spalte neben »fröhlich« dreizehn Namen, so viele waren sie in der Gruppe. »Mal sehen, ob wir auch so viele Demütige finden!« Natürlich nicht. Demütig waren sie wirklich nicht. Manche wären es gern gewesen, aber sie sagten sich: »Wenn ich mich melde, klingt das so, als wolle ich angeben – und dann bin ich schon wieder nicht demütig!«

»Na ja, ich hab's geahnt. Mit der Demut steht's bei uns allen schlecht, bei euch und bei mir, leider. Das ist auch am schwierigsten, wenn man ein Christ sein will.« Gudrun hob die Hand. »Einen Namen müßten Sie doch eintragen, denk ich. Die Maria! Die ist immer demütig! Sie ist immer die letzte, sie drängelt nie, wenn wir Spiele machen und es gibt Preise oder wenn wir in den Ferien zu einer Bibelrüste fahren und alle wollen die besten Betten haben oder wenn Sie mal Kaugummis verteilen oder so.« Keiner sagte was. »Wer dafür ist, daß wir Marias Namen bei ›demütig‹ in die Liste eintragen, der soll die Hand heben!« Der Pfarrer hatte schon die Kreide in der Hand. Alle hoben die Hand, nur Maria nicht.

»Na Kinder, jetzt wird's aber Zeit, daß wir die Rollen verteilen. Am Sonntag ist der dritte Advent, und üben müssen wir schließlich auch noch. Den Joseph hätten wir schon. Nun fehlt uns noch die Maria!« Der Pfarrer tat so, als hätte es noch niemals irgendwelche Probleme gegeben und alle sprächen sie über die Besetzung bei Maria heute zum erstenmal. Gudrun meldete sich. »Aha«, dachte Peter. »Nun hat sie doch Mut und spielt die Maria. Es wird was mit uns beiden.« Er wurde ganz rot im Gesicht und schaute sich vorsichtig um, ob es nur auch ja keiner bemerke. Natürlich bemerkten sie es alle, denn als der Pfarrer nach der Maria fragte, blickten sie weder auf Gudrun noch auf Maria, sondern auf Peter. Kinder in der sechsten Klasse wissen viel und denken sich noch viel mehr, mindestens mehr, als die Erwachsenen denken, daß sie sich denken! Und Kinder sind unbekümmert und deshalb taktlos, während Erwachsene im Falle Peter natürlich so getan hätten, als sähe er wie immer aus. Thomas zeigte auf ihn und drehte sich um (er saß ganz vorn). »Guckt mal, Peter wird ganz rot. Er denkt jetzt an seine Frau.« Stürmisches Gelächter. Nur der Pfarrer blieb ernst – oder vielmehr: Er tat so, als hätte er nichts gehört. »Gudrun, du wolltest etwas sagen, du hast die Hand gehoben.« »Ich möchte gern einen der Weisen aus dem Morgenland spielen. Ich habe gedacht, meine langen blonden Haare passen gut dazu, wenn ich keinen Zopf trage.« Dabei hatte sie schon an ihrem Zopf genestelt, und plötzlich fielen ihr lange, schöne, seidenweich glänzende Haare über die Schulter. »Außerdem habe ich ein neues Nachthemd mit so glitzernden Fäden drin, das könnte ich anziehen. Und aus einer Kaffeebüchse von meiner Tante aus dem Westen mach ich mir eine Krone, so ...« Sie hielt ihre beiden Hände wie eine Krone auf ihrem Kopf. Auch ohne Kaffeebüchse sah sie schon mindestens halb aus wie ein richtiger König. »Und«, sie zögerte ein wenig und biß sich erst mal auf die Lippen. Dann schaute sie zu Peter hin und sagte mit fester Stimme: »Ich meine, daß die Maria die Maria spielen muß. Ich habe mir nochmal unsere Liste angeguckt. Maria ist die einzige aus unserer Gruppe, deren Namen man mit gutem Gewissen in jede Zeile schreiben kann. Und das bißchen, was sie reden muß, das kann sie genausogut wie ich.« Womit sie sozusagen zu Protokoll gab, daß sie die Maria gern selbst gespielt hätte. Der Pfarrer schien völlig überrascht zu sein. »Donnerwetter«, sagte er, obwohl ihn seine Frau schon ein paarmal ermahnt hatte, »Donnerwetter« dürfe ein Pfarrer nicht sagen, das klinge ja wie ein Fluch. Er sah es auch ein und entschuldigte sich jedesmal hinterher. »Entschuldigung, das war mir so herausgefahren, so platt bin ich.« Ach, sie kannten ihn schon. Natürlich war er gar nicht platt, er tat nur so. Das konnte er hervorragend. Richtig dumm sah er dann aus, er sah so aus, wie sich manche Leute heutzutage die Pfarrer gern vorstellen. Aber die Kinder glaubten es ihm nicht, sie hatten ihn schon lange durchschaut. Sie ließen es sich nur nicht merken, um ihm die Freude nicht zu verderben, denn Freude hatte er dran, auch gerade jetzt, als Gudrun Maria als Maria vorschlug. Das hatte er ja gewollt. Trotzdem mußte ihn die ganze Gruppe förmlich dazu überreden, daß Maria die richtige Maria wäre. Erstens hieße sie Maria, deswegen hätte sie sich bestimmt nur gemeldet, damals am Anfang, zweitens wäre sie der beste Christ von ihnen allen, drittens könne sie alles, was eine richtige Mutter Maria können muß, und viertens brauche der Pfarrer nur ein wenig den Text zu ändern, damit Maria das sagen könne, was zu ihr paßt und was man gut versteht.

Die anderen Rollen waren im Handumdrehen verteilt, die Hirten, die restlichen Weisen und die Menschen von heute, die in diesem Stück immer mit an die Krippe traten: die Ärztin im mittleren Alter, der Rentner, der behinderte Junge im Rollstuhl (den spielte Christines Bruder, der wirklich im Rollstuhl fahren mußte und zwei Jahre jünger war, aber er machte gern mit), die Zerspanungsfacharbeiterin und die Verkäuferin. Es mußten jedes Jahr so viele »Menschen von heute« mitspielen, daß jeder in der Gruppe eine Rolle bekam. Und Marias ganze Rolle bestand am Ende aus zwei Worten: »Jesus lebt!« Das sagte sie zu den Hirten, als sie ihre Not schilderten, zu den Weisen, als sie von dem Stern berichteten, zu der Ärztin, die im Beruf so viel zu tun hatte, daß ihr der Mann davongelaufen war, zu dem Jungen im Rollstuhl, der nicht laufen konnte, zu allen sagte sie es mitten in ihre Sorgen und auch in ihre Freuden hinein – und es paßte immer! Eigentlich hatte der Pfarrer gedacht, er werde sich noch ein paar Sätze überlegen müssen, um der Gemeinde zu erklären, warum Maria die Maria spielte, und außerdem würde er noch einige Sätze brauchen, um einzuspringen, wenn Maria vielleicht steckenblieb oder stotterte oder so undeutlich sprach, daß sie keiner verstand. Das wäre einfach gewesen, denn er selber erzählte die Weihnachtsgeschichte von der

Kanzel, und die Kinder spielten in diese erzählte Geschichte hinein ihre Szenen und sprachen ihre Worte. Aber der Pfarrer mußte nicht ein einziges Mal helfen, so gut ging die Generalprobe. »Wenn die Generalprobe gut geht, wird die Vorstellung geschmissen«, sagte Rita und zitierte dafür einen berühmten Schauspieler, den alle schon im Film und Fernsehen gesehen hatten. Rita war Fachmann für Film und Fernsehen in der Klasse. »Für abergläubische Leute schon«, antwortete der Pfarrer. »Weil sie an einen so dummen Satz glauben, haben sie in der Vorstellung von Anfang an so viel Angst, daß es bestimmt schiefgeht. Aber wir haben Gott als Souffleur, der sagt immer vor. Da kann gar nichts passieren. Nicht wahr, Maria?« Und Maria strahlte. »Jesus lebt!« sagte sie.

Der Heilige Abend kam heran. Und es war in unserem Dorfe nicht anders als überall: Viel Spannung lag in der Luft! Viele gute Gerüche zogen durch die Straßen und Gassen. Nach Pfefferkuchen, nach Stollen, nach gebratenen Gänsen! Und viele Gerüchte schwirrten durch die Schulstuben und Hausflure und Pausengespräche während der Arbeit und über die Stammtische wie auch durch die Christenlehre und den Frauendienst und die Bibelstunde. Wer wird was kriegen zu Weihnachten? Mehnerts schenken sich ein neues Auto, einen japanischen Mazda mit Hausbar und Telefon, Weilands schenken sich 25 weiße Marmorplatten für das Bad und fürs Klo, Bürgers haben für ihren sechzehnjährigen Jürgen eine 350er BMW gekauft, damit er zu seinem 18. Geburtstag nicht erst drauf warten muß – und die Kinder erst! Was sie alles kriegen! Thomas bekommt einen Kassettenrecorder mit Rundfunk- und Fernsehteil, über 2 000 Mark! Christine erwartet ein Ballkleid aus Brokat mit einer Kette aus echten Brillanten, 16 Stück mit 720 Karat! Ihr kennt das ja. Alles halb so schlimm. Alles nicht wahr oder halbwahr oder einfach böse erfunden, aus Neid oder aus Langeweile, manchmal auch nicht so ernst gemeint, sondern nur ein Mittel, die Vorfreude zu dehnen und zu strecken und nicht zu vergessen, daß Weihnachten wird, wieder Weihnachten wird! Schlimm war nur, daß auch noch über ein ganz anderes Thema getuschelt und gezischelt wurde: Maria als Maria. »Muß man das Kind so bloßstellen?« »Was hat sich der Pfarrer dabei bloß gedacht?« »Die hübsche und tüchtige Gudrun hätte diese Rolle mehr als verdient!« Mehr will ich darüber nicht erzählen. Schon beim Lesen müßte man traurig werden, um wieviel mehr, wenn man es aus dem Munde von Leuten hören mußte, die großen Wert darauf legen, klug zu sein und modern zu denken und es zu etwas gebracht zu haben. Nur die Eltern Marias und ihre zwei Brüder – einer älter und einer jünger als sie – freuten sich und kamen bei der Christvesper als die ersten, damit sie noch einen Platz ganz vorn bekamen.

Was soll ich euch vom Gottesdienst erzählen? Natürlich klappte alles, natürlich ging alles gut bis auf ein paar ganz kleine Pannen. Am aufgeregtesten war nämlich – ich kann's euch nicht verschweigen – der Pfarrer selbst. Und so fing er seine Predigt mit folgenden Worten an, die seine Gemeinde sicher nicht vergessen wird: »Wir sind heute alle Weihnachtsmenschen. Drum grüße ich euch, ihr Weihnachtskinder! Und ich grüße euch, ihr Weihnachtsfrauen! Und auch euch, ihr Weihnachtsmänner!« Da war es schon heraus, und die Weihnachtsmänner waren erst verblüfft, und dann fingen sie laut an zu lachen. Zum erstenmal in dieser Kirche wurde gelacht, zum erstenmal, und auch noch zu Weihnachten. Und nicht ein einziger hat sich hinterher darüber beschwert! Das will doch was heißen, das müßt ihr zugeben. Es wurde dann gleich noch zweimal gelacht. Joseph sollte sagen: »Wenn ich doch ein Bett für meine Maria hätt!« Aber er sagte: »Wenn ich doch eine Couch für meine Maria hätt!« was sich nicht mal reimte, wenn es auch bei einer so knappen Anzahl von Hotelbetten in Bethlehem und anderswo der Wirklichkeit vielleicht besser entsprach. Und schließlich hatte Richard, einer von den Hirten, seinen eigenen Hund mitgebracht, einen Dackel, der ihm fortrannte ins Kirchenschiff hinein, gerade als der Wirt Maria und Joseph seinen Stall anbieten wollte. So verzögerte sich die Quartiersuche, bis der Hund wieder eingefangen war. Dann lief alles wie am Schnürchen. Maria sagte jedesmal, wenn sie dran war, deutlich und klar »Jesus lebt!« Und als der Pfarrer seine Erzählung am Ende des Spieles mit der Frage schloß: »Und wenn euch etwas fehlt? Wenn ihr krank seid? Wenn ihr Kummer habt? Wenn jemand gestorben ist? Was denkt ihr da?« sagte Maria noch einmal »Jesus lebt!« Natürlich hatte der Pfarrer eine eigene Antwort auf seine Frage vorbereitet, das machen die Pfarrer eigentlich immer und gern, weil sie niemals auf die Idee kommen, jemand könnte von sich aus antworten, deswegen läßt man's und hört lieber zu, was der Pfarrer zu sagen hat. Aber der Pfarrer behielt seine Antwort im Kasten oder vielmehr im Manuskript. Besser als Maria konnte er auch nicht antworten, und da ließ er's eben. Merkwürdigerweise wischte er sich über die Augen, fast als müsse er eine Träne fortwischen. Und dann betete er: »Gott, du warst so schwach wie ein neugeborener Säugling, als du auf die Welt kamst. Du konntest nicht reden, nicht denken und nicht laufen. Bitte hilf uns, daß wir alle, die nicht reden und denken und laufen können, besonders liebhaben, weil sie dir so ähnlich sind. Amen.«

Natürlich wurden noch Weihnachtslieder gesungen und das Vaterunser gebetet und der Segen gesprochen, dann war's geschafft. Alle Spieler standen mit dem Pfarrer in der Sakristei. Maria strahlte, als der Pfarrer mit ihnen noch ein kurzes Dankgebet sprach. »Jesus lebt!« sagte sie. Und Peter? Ihr werdet es nicht glauben, Peter nahm die Maria beim Kopf, und wenn ich nicht irre, gab er ihr ein ganz zartes Küßchen auf die Backe. Natürlich wurde er wieder rot dabei, aber diesmal machte es nichts, und es sagte auch keiner was, denn alle dachten: ›Der Peter, der hat recht!‹ Auf diese Weise wurde Maria an diesem Abend noch oft beim Kopf genommen. Und das will doch bei Zwölfjährigen etwas heißen! Meint ihr nicht auch?

Ein Weihnachtstischgebet für Kinder

Herr, ob du auch Pudding ißt?
Stollen? Mit Rosinen, Nüssen?
Oder ob du nie vergißt,
wieviel Menschen hungern müssen?
Weil ich weiß, Herr, wie du bist,
weiß ich, daß du's nie vergißt!
Amen.

Der Nachweihnachtsengel

Als ich dieses Jahr meine Pyramide und die Krippe und die zweiunddreißig Weihnachtsengel wieder einpackte, behielt ich den letzten in der Hand. »Du bleibst«, sagte ich. »Du kommst auf meinen Schreibtisch. Ich brauche ein bißchen Weihnachtsfreude für das ganze Jahr.« »Da hast du aber ein Glück gehabt«, sagte er. »Wieso?« fragte ich ihn. »Na, ich bin doch der einzige Engel, der reden kann.« Stimmt! Jetzt erst fiel es mir auf. Ein Engel, der reden kann? Das gibt es ja gar nicht. In meiner ganzen Verwandtschaft und Bekanntschaft ist das noch nicht vorgekommen. Da hatte ich wirklich Glück gehabt.

»Wieso kannst du eigentlich reden? Das gibt es doch gar nicht. Du bist doch aus Holz!« »Das ist so. Nur wenn jemand einmal nach Weihnachten einen Engel zurückbehält, nicht aus Versehen oder weil er sich nichts dabei gedacht hat, sondern wegen der Weihnachtsfreude, wie bei dir, dann können wir reden. Aber es kommt ziemlich selten vor. Übrigens heiße ich Heinrich.« »Heinrich? Bist du denn ein Junge? Du hast doch ein Kleid an.« Heinrich trägt nämlich ein langes rotes Gewand. »Das ist eine reine Modefrage. Hast du schon einmal einen Engel in Hosen gesehen? Na also.«

Seitdem steht Heinrich auf meinem Schreibtisch. In seinen Händen trägt er einen goldenen

Papierkorb, oder vielmehr: einen Müllkorb. Ich dachte erst, es sei nur ein Kerzenhalter, aber da hatte ich mich geirrt, wie ihr gleich sehen werdet.

Heinrich stand gewöhnlich still an seinem Platz, hinter der rechten hinteren Ecke meiner grünen Schreibunterlage (grün und rot paßt so gut zusammen!) und direkt vor ein paar Büchern, zwei Bibeln, einem Gesangbuch, einem Bändchen mit Gebeten und den Herrnhuter Losungen. Und wenn ich mich über irgend etwas ärgere, hält er mir seinen Müllkorb hin und sagt: »Wirf rein!« Ich werfe meinen Ärger hinein – und weg ist er! Manchmal ist es ein kleiner Ärger, zum Beispiel wenn ich wieder meinen Kugelschreiber verlegt habe oder eine fremde Katze in unserer Gartenlaube vier Junge geworfen hat (zur Zeit besitzen wir zehn Katzen, zwei alte und acht junge!). Es kann aber auch ein großer Ärger sein oder eine große Not oder ein großer Schmerz, mit dem ich nicht fertig werde, zum Beispiel als kürzlich ein Vater und eine Mutter erfahren mußten, daß ihr fünfjähriges Mädchen an einer Krankheit leidet, die nie mehr zu heilen ist. Wie soll man da helfen! Wie soll man da trösten! Ich wußte es nicht. »Wirf rein!« sagte Heinrich, und ich warf meinen Kummer in seinen Müllkorb.

Eines Tages fiel mir auf, daß Heinrichs Müllkorb immer gleich wieder leer war. »Wohin bringst du das alles?« »In die Krippe«, sagte er. »Ist denn so viel Platz in der kleinen Krippe?« Heinrich lachte. »Paß auf! In der Krippe liegt ein Kind, das ist noch kleiner als die Krippe. Und sein Herz ist noch viel, viel kleiner.« Er nahm seinen Kerzenhalter unter den linken Arm und zeigte mit Daumen und Zeigefinger der rechten Hand, wie klein! »Denn deinen Kummer lege ich in Wahrheit gar nicht in die Krippe, sondern in das Herz dieses Kindes. Verstehst du das?« Ich dachte lange nach. »Das ist schwer zu verstehen. Und trotzdem freue ich mich. Komisch, was?« Heinrich runzelte die Stirn. »Das ist gar nicht komisch, sondern die Weihnachtsfreude, verstanden?« Auf einmal wollte ich Heinrich noch vieles fragen, aber er legte den Finger auf den Mund. »Pst!« sagte er. »Nicht reden! Freuen!«

Behaltet doch mal einen Engel zurück, wegen der Weihnachtsfreude. Und spitzt die Ohren! Hört ihr's? »Wirf rein!«

Rätsel

Ich kenne einen Kinderwagen,
der hat nicht Räder, sondern Beine.
Auch Federbetten hat er keine.
Nur Stroh muß da den Säugling tragen.

(Die Krippe)

Das fehlende Ohrläppchen

Der Gütekontrolleur Adam Richter schaute schon zum drittenmal auf seine Uhr: 16.08 Uhr! Heute mußte er gleich nach Arbeitsschluß weg, der Witwe Lorenz im vierten Stock die Briketts in den Keller bringen. Adam Richter hatte ein gutes Herz – und ihr werdet gleich sehen, wie wichtig es für unsere Geschichte ist, ein gutes Herz zu haben! Wenn der Ausguß verstopft war, wenn der Staubsauger den Staub in die Stube blies, anstatt ihn in seinen Sack zu saugen, wenn die Klingel an der Flurtür nicht mehr läutete – immer mußte Adam Richter her. »Er wird's schon wieder ganz kriegen!« sagten die Leute. Und sie behielten fast immer recht.

Adam Richter verpackte eben den dreihundertfünfzigsten großen Teddybär, und ehe er ihn verpackte, schaute er ihn genau an, erst von vorn, dann von hinten, dann von rechts und schließlich von links. Und wenn ihm ein Bein fehlte oder ein Auge oder er brummte nicht richtig, wenn man ihn auf den Bauch legte, dann schickte Adam Richter ihn unweigerlich zurück. »Ausschuß verpacke ich nicht«, sagte er, denn wenn er auch ein gutes Herz hatte, so hatte er doch einen wachen Verstand. Wie hätte er es sonst zum Gütekontrolleur bringen können!

Als er den Teddy betrachtete, der um 16.12 Uhr zu ihm kam, stutzte er. »Dir fehlt doch das linke Ohrläppchen!« »Ja«, sagte der Teddy, »aber dafür kann ich reden!« Adam Richter drehte sich erstaunt um. »Wer redet denn hier?« fragte er, denn er stand ganz allein am Ende des Fließbandes, auf dem die Teddys zu ihm gewandert kamen. »Ich«, sagte der Teddy. »Na hör mal«, antwortete ihm Adam Richter, »das gibt's doch gar nicht: Teddys, die reden!« »Das gibt's schon«, sagte der Teddy, »aber nur Menschen mit einem guten Herzen können uns hören!« Adam Richter wurde ein bißchen rot, als der Teddy das mit dem guten Herzen sagte, aber dann hatte er sich gefangen. »Trotzdem hast du kein Ohrläppchen, und ich muß dich zurückschicken!« »Nicht doch«, sagte der Teddy. »Ich heiße Ulrich, und ich will gern am Weihnachtsabend mit einem kleinen Jungen oder einem kleinen Mädchen spielen! Und da schadet es doch nichts, wenn man kein Ohrläppchen hat!« Adam Richter kratzte sich den linken Nasenflügel, was er immer tat, wenn er scharf nachdachte. »Ulrich heißt du? Wer hat dich Ulrich genannt?« »Ich«, sagte Ulrich. »Und warum?« »Weil mir der Name Ulrich gefällt! Aber nun pack mich bitte in die Kiste, damit ich zur Zeit in den Weihnachtsverkauf komme!« Adam Richter war jetzt fertig mit Nachdenken. »Du hast recht, Ulrich«, sagte er. »Zum Spielen braucht man schließlich kein Ohrläppchen, zumal wenn man reden kann. Ich packe dich ein. Fröhliche Weihnachten!«

Die Verkäuferin, die Ulrich auspackte, hieß Ilona und war – mit Verlaub gesagt – ein Miststück. »Wie siehst denn du aus?« sagte sie, als sie Ulrich in der Hand hielt. »Du bist ja kaputt! Ausschuß!« »Aber ich kann reden, und ich heiße Ulrich!« sagte Ulrich – doch Ilona konnte ihn nicht hören, ihr wißt sicher, warum. »Du gehst gleich zurück. Was schicken sie uns nur fürs Weihnachtsgeschäft!« »Aber nein. Ich will verkauft werden und mit einem kleinen Jungen oder einem kleinen Mädchen spielen! Und das kann ich auch ohne Ohrläppchen, wirklich!«

Ilona hatte den kleinen Teddy schon Elfriede gezeigt, und da Elfriede ebenso schnippisch war wie Ilona, stellten sie Ulrich schließlich in ein Regal in die letzte Ecke ganz rechts hinten neben einen Autodrehkran, der sich nicht mehr drehte, ein Kindertelefon ohne Zählscheibe und einen Elefanten, der nur noch drei Räder hatte und schrecklich hinkte. Aber wenigstens mit ihm konnte sich Ulrich ein bißchen unterhalten in seinem Schmerz.

»Wart's ab«, sagte der Elefant. »Es geht immer anders, als solche Menschen wollen! Da hab ich Erfahrung, denn wir Elefanten werden sehr alt. Ich denke, du wirst auch ohne Ohrläppchen einen kleinen Jungen oder ein kleines Mädchen finden, das mit dir spielt.« Da war Ulrich sehr froh.

Am Heiligen Abend gegen Mittag, es war 11.15 Uhr, betrat eine junge Mutter den Spielzeugladen, die offenbar sehr in Eile war und ein bißchen traurig aussah. Ich kann euch sagen, warum: der Vater hatte sie und ihren sechsjährigen Jungen sitzengelassen und sich eine andere Frau gesucht – und nun war sie schon über ein halbes Jahr allein, mußte jeden Tag über acht Stunden an der Schreibmaschine sitzen und daneben ihren ganzen Haushalt und ihren Jungen versorgen – und nun hatte sie sich eben zwei Stunden freigenommen, damit sie noch etwas kaufen konnte. »Ich brauche einen Teddybär«, sagte sie zu Ilona. »Und da kommen Sie heute, am letzten Tag? Lange ausverkauft!« »Ausverkauft? Aber ich brauche den Teddy! Mein Junge hat sich so sehr einen Teddy gewünscht! Es war sein einziger Wunsch. ›Mutti‹, hat er gesagt, ›nur einen kleinen Teddy will ich zu Weihnachten. Er kann auch ein bißchen größer sein, wenn du das Geld hast!‹ Und nun sollen Sie keinen Teddy mehr haben?« »Da kümmert man sich eben auch ein bißchen eher drum.«

Ilona war, wie sie immer war, schnippisch. Und die junge Mutti drehte sich langsam um, als könnte sie es noch gar nicht glauben, und wischte sich eine Träne aus dem Auge. Aber wie das so geht: beim Umdrehen sieht sie doch ganz hinten rechts Ulrich sitzen. »Und dort! Da steht doch noch ein Teddy?« »Ach der«, sagte Ilona. »Der ist doch kaputt, der hat doch kein Ohrläppchen. So was verschenkt man doch nicht.« »Zeigen Sie ihn bitte mal her!« »Bitte!« sagte Ilona. Aber es hätte auch heißen können, dem Tonfall nach: »Du blöde Gans!« oder »Sie alberne Ziege!« Die junge Mutti drehte Ulrich hin und her. Dabei murmelte sie vor sich hin: »Aber du siehst doch ganz hübsch aus, wenn dir auch ein Ohrläppchen fehlt!« »Dafür kann ich reden«, sagte Ulrich. Die Mutti drehte sich erstaunt um. »Was sagten Sie?« fragte sie Ilona. »Natürlich nichts«, antwortete Ilona. Was hätte sie auch antworten sollen! Da sagte die Mutti zu dem Teddy: »Dann mußt du doch geredet haben!« »Natürlich«, sagte Ulrich. »Und wer ein gutes Herz hat, versteht mich. Sicher hast du ein gutes Herz!« Die junge Mutti wurde genauso rot wie Adam Richter. »Dann hast du wohl auch einen Namen, wenn du reden kannst?« »Natürlich, ich heiße Ulrich«, sagte Ulrich. »Was? Ulrich heißt du? Mein kleiner Junge heißt auch Ulrich! Und der wünscht sich doch so sehr einen Teddy!« »Dann kaufe mich schnell, und nimm mich mit, ehe es sich Ilona anders überlegt.« »Ich kaufe den Teddy«, sagte die Mutti zu Ilona. »Sie müssen's ja selbst wissen, ob man so was verschenken kann«, sagte Ilona. »Ja, das weiß ich selbst«, antwortete die junge Mutti ziemlich deutlich, und Ilona war so verblüfft, daß sie gleich eine große Schachtel holte und den Teddy einpacken wollte. »Nein, den nehme ich lieber auf den Arm!« »Na, Sie sind vielleicht komisch«, sagte Ilona, »aber des Menschen Wille ist sein Himmelreich!« »Das stimmt! Und fröhliche Weihnacht!« sagte die Mutti. Ihr könnt euch denken, daß Ilona gar nicht geantwortet hat. Wer schlechte Laune hat, wünscht keine fröhliche Weihnacht. Das wäre ja noch schöner. Als sie draußen waren, sagte die Mutti zu Ulrich: »Wenn du reden kannst, kann ich dich nicht in eine Schachtel packen, das geht doch nicht!«

Aber Ulrich setzte sich lieber in den Einkaufsbeutel. Da schaute er gerade noch mit dem Kopf heraus und konnte alles sehen und hören, was ringsherum vorging. Er war sehr vergnügt, und die junge Mutti war auch vergnügt, aber am allervergnügtesten war natürlich Ulrich, der kleine Junge, weil er einen Teddy bekam, mit dem er nicht nur spielen, sondern auch reden konnte. Selbstverständlich hatte Ulrich auch ein gutes Herz, das hatte er von seiner Mutti geerbt.

Übrigens: habt ihr zu Hause auch einen Teddy? Und könnt ihr mit ihm reden? Ich hoffe es – ihr wißt sicher, warum!

Rätsel

Ein Mann hat einen großen Mund
und dazu ein Scharnier im Schlund.
Er lebt fürs Essen, unser Mann,
obwohl er selbst nichts essen kann.

(Der Nußknacker)

Die beiden Sterne

Es waren einmal zwei Sterne, ein sehr großer und ein sehr kleiner Stern. Sie zogen nicht weit voneinander am Himmel dahin, vielleicht waren es 400 750 Kilometer, das ist für Sterne ein Katzensprung. Und sie sahen sich Tag für Tag, und das Jahr für Jahr, Jahrhundert für Jahrhundert, Jahrtausend für Jahrtausend, ja bei Sternen muß man sagen Jahrmillion für Jahrmillion. Sterne werden sehr alt, und es wird ihnen fast nie langweilig, noch dazu, wenn sie sich auf ihrer Reise unterhalten können wie unsere zwei. Zwar waren sie nicht immer zusammen, aber jedes Jahr trafen sie sich. Und da tauschten sie miteinander aus, was sie so erlebt hatten und was sie bewegte. Bei dem kleinen Stern war es immer dasselbe. »Ich bin eben zu klein!« jammerte er. »Ich strahle lange nicht so hell wie du. Und auf diese Weise kann ich überhaupt nicht weit sehen. Ich möchte aber so gern recht weit sehen, so weit wie du. Und wenn ich mir überlege, was es alles zu sehen gibt und was es für mich alles nicht zu sehen gibt, weil ich so klein bin, dann könnte ich verrückt werden!«

Und er drehte sich ganz schnell viermal um sich selber vor Wut, obwohl so etwas bei Sternen überhaupt nicht vorkommen darf, da haben sie ihre strengen Regeln. Der große Stern war gemessener und gesetzter, er war auch einige Millionen Jahre älter und deshalb gereifter. »Hör mal! Du bist klein und ich bin groß, das ist nun mal so. Es gibt kleine Sterne und es gibt große Sterne. Aber alle sind Sterne und gleich viel wert. Die großen Sterne können weiter sehen, dafür sind sie plump und unförmig, und oft kann man sie gar nicht anschauen, weil sie so unmäßig hell sind. Die kleinen Sterne sind dafür zart und hübsch und zierlich. Man sieht sie sich viel lieber an. Und sie können sich schnell verstecken, wenn so ein gewaltiger Schwarm Meteoriten durchs Weltall saust und uns kaputtmachen will. Jedes hat seine Vorteile, und jedes hat seine Nachteile. Damit mußt du dich abfinden, je eher, desto besser. Sonst nörgelst du noch ein paar Millionen Jahre immer nur herum und verdirbst dir dein ganzes Sternendasein.« Das tröstete den kleinen Stern ein wenig. Trotzdem ließ er sich von dem großen Stern erzählen, was in der Ferne so alles passierte. Und der große Stern gab stets geduldig und ausführlich Auskunft. Da waren es beide zufrieden.

So ging das Jahr für Jahr und Jahrtausend für Jahrtausend und noch länger. Eines Tages jedoch war auch der sonst so ruhige große Stern merkwürdig unruhig. Immer wieder schaute er in die Ferne, nach einem winzigen weißen Punkt. »Was starrst du denn nach dort unten?« fragte der kleine Stern. »Ich sehe gar nichts.« »Das kannst du auch nicht sehen«, sagte der große Stern. »Dieser winzige kleine Punkt ist überhaupt kein Stern, das ist ein Planet, und er heißt Erde. Und da muß was sein!« Immer wieder sagte er »Irgendwas muß da sein. Wenn ich nur wüßte, was.« Natürlich war der kleine Stern wieder traurig, daß er nichts sehen konnte. »Komm mal ganz dicht an mich heran! Kannst du ihn jetzt erkennen, den kleinen Punkt?« »Ja, jetzt seh ich ihn! Ganz deutlich seh' ich ihn.« Der kleine Stern war glücklich. »Und was ist mit dem?« »Ich weiß es eben noch nicht. Ich habe immer gedacht, dieser kleine Planet hat gar keine Bedeutung an dem großen unendlich weiten Himmel. Er scheint aber doch eine zu haben. Das liegt wahrscheinlich an den Menschen«, fügte er erklärend hinzu – und dann mußte er dem kleinen Stern lang und breit beschreiben, was das ist: Menschen. »Siehst du«, sagte der kleine Stern, »ihr größeren Sterne kriegt eben doch mehr mit als wir kleinen.« »Wenn wir's nur mitkriegten! Ich weiß ja auch nicht, was los ist.« Da kam ihm eine Idee. »Rück mal ganz dicht an mich heran, noch viel näher als vorhin, so als wären wir beide ein einziger Stern. Dann kommt dein Licht zu meinem Licht hinzu, und zusammen sehen wir so weit, daß wir vielleicht genau erkennen können, was da unten eigentlich los ist. Wenn es sogar die Sterne bewegt, dann muß es etwas sein, was für die ganze Welt wichtig ist.« So geschah's. Der kleine Stern rückte so dicht an seinen großen Freund heran, daß zum Beispiel die Menschen auf der Erde wirklich meinten, es sei nur ein einziger großer Stern, und er leuchte nur ein einziges Mal in der ganzen Geschichte. Und die beiden Sterne wiederum erkannten in ihrem gemeinsamen Strahl einen kleinen Stall und ein winziges neugeborenes Kind mit seinen Eltern. Und es bekam eben Besuch, drei Herren mit Kronen auf dem Kopf und Kamelen an ihrer Seite, also offenbar mächtige, reiche und vornehme Herren. »Niedlich!« sagte der kleine Stern. »Das hat was zu bedeuten!« sagte der große Stern. Und beide freuten sich, es wurde ihnen ganz warm ums Herz, denn auch Sterne haben ein Herz. Freilich konnten sie noch nicht wissen, daß sie auf diese Weise zu den berühmtesten Sternen der ganzen Welt wurden, weil sie zur Geburt des Kindes Jesus von Nazareth geleuchtet hatten.

Rätsel

Ich weiß ein Rad, das sich stets dreht,
obwohl es immer stille steht.
Das Rad wirft Schatten ohne Ruh
und braucht die Sonne nicht dazu.

(Das Flügelrad auf der Pyramide)

Fünfzig Pfennig für die Krippe

Die folgende Geschichte handelt von der Familie Anpassung, der es immer gut ging. Anpassung ist zweifellos ein ungewöhnlicher Name, deckt sich aber mit einem ganz gewöhnlichen, allgemein verbreiteten Sachverhalt.

Anpassungs waren schon immer dagegen, im Inneren. Bei einem Glas Wein zu Hause, wenn die Kinder schon zu Bett gebracht waren, oder im eigenen Bett hatten sie sich auch schon öffentlich kritisch geäußert, davon erzählen sie jetzt oft. Auf diese Weise hatten sie in der Vergangenheit immer gute Posten gehabt und gute Gehälter und natürlich, zur Tarnung – wer sähe das nicht ein? – dazu die richtigen Parteiabzeichen. Jetzt können sie endlich immer dafür sein, für McDonald und Merzedes, für Chappi und Blaupunkt, für Persil und den Duft der großen weiten Welt. Und deshalb geht es ihnen immer noch oder wieder recht gut.

Und da ihre Mark neuerdings die gute harte Mark ist – Anpassungs nennen sie aus Gewohnheit und mit einem gewissen genüßlichen Unterton nach wie vor die »West-Mark« – können sie sich was leisten oder vielmehr: sie können sich mehr leisten als früher. Und das tun sie denn auch.

Anpassungs haben auch ein Kind, einen Jungen, Karl-Helmut mit Namen. Frau Anpassung hat ihn mit 32 Jahren zur Welt gebracht und ist stolz auf ihren Mut. »In diesem Alter das erste Kind, bedenken Sie!« sagt sie oft. In Wahrheit lag das Alter an der Reihenfolge. Sie lautete: Fernseher, Auto, Kanarische Inseln, Bausparvertrag, größeres Auto, Thailand. Der Name Karl-Helmut paßte in den Spätherbst 1989, Karlchens Geburtszeit. Denn damals wußte man, was man hatte (Karl!), aber man wußte noch nicht was kommt, aber doch vermutlich kommen könnte (Helmut!). Frau Anpassung hatte bei der Geburt einen Dammriß und mußte genäht werden. Trotz des lieblichen Jungen sagte sie zu ihrem Mann. »Einmal und nie wieder, daß du gleich Bescheid weißt!« Der Stolz auf die Geburt mit 32 kam erst später, ließ aber die erwähnte postnatale Erkenntnis nie in Vergessenheit geraten. Trotzdem war ihr Karl-Helmut ihr ein und alles.

Als sich nach seinem zweiten Geburtstag Weihnachten näherte, war es schwierig, stellvertretend für den Kleinen einen Wunschzettel zu verfassen. Es sollte Spielzeug sein, daß ihm gefallen würde. »Er sagt's nur nicht, der Gute, Arme, er ist ja so bescheiden«, meinte Frau Anpassung. »Der Arme, Gute« war übrigens stehende Redensart, und wenn ein kleiner Junge gut ist, aber arm, dann muß man ihn einfach verwöhnen. Das wird selbst ein habilitierter Pädagoge ohne weiteres verstehen.

Interessanterweise hatte Karl-Helmut aber doch einen Wunsch, eine »Krippe«, weiß der Teufel woher. Dies war wenigstens die Ausdrucksweise von Mutter Anpassung, denn gerade das konnte der Teufel keinesfalls wissen. Aber das entzog sich sozusagen dem theologischen Horizont seiner Mutter (wenn Sie, lieber Leser, wissen, was ich meine. Wenn Sie es nicht wissen, ist es auch nicht so schlimm, aber es lohnte Ihr Interesse). Karl-Helmuts Wunsch kam ziemlich spät, der Etat war längst überzogen mit elektrischer Eisenbahn, elektrischer Autorennbahn, drei Kartons Play-Mobil und fünf Kartons Lego, dazu zur Sicherheit noch zwei Barbie-Puppen zum An- und Ausziehen (»Der Junge kann nicht früh genug anfangen zu üben!«) und ein Dreirad mit Benzinmotor und elektrischem Scheinwerfer. Aber schließlich erwischten Anpassungs noch ein kleines Transparent mit einer Krippe für fünfzig Pfennige, aus Pappe mit buntem Transparentpapier, und setzten es, nicht zu auffällig, neben das Dreirad, mit einer Kerze dahinter.

Wahrscheinlich war die Kerze der Grund, daß Karl-Helmut das Transparent entdeckte. Er nahm es vorsichtig in die Hände, setzte es mitsamt der Kerze – in zwei Gängen natürlich, denn so ein kleiner Kerl kann nicht beides auf einmal tragen – auf seinen Kinderschreibtisch, sich selber davor, legte den Kopf auf seine Arme, sah es an und sagte: »Schön!« Genauer »scheen!«, denn Karl-Helmut war, wie seine Eltern, aus Sachsen. Vater Anpassung spielte derweil mit der Eisenbahn, dann mit der Autobahn, Mutter Anpassung fraß sämtliche

Schokolade von Karl-Helmutchens und ihres Mannes Freßteller, und dazwischen grübelten beide über das Verhalten ihres offensichtlich mißratenen Sohnes. »Jedenfalls«, sagte Frau Anpassung, »eine Krippe schenken wir ihm nicht wieder. Das verdirbt ihn.« Von ihrem Blickwinkel aus gesehen hatte sie vermutlich recht. »Wer Ohren hat zu hören, der höre!« würde die Geschichte enden, wenn sie in der Bibel stünde. Aber zum Glück steht sie ja nicht in der Bibel.

Nikolaus und die Marktwirtschaft

Es gibt vieles, was vergänglich ist, das erfahren wir Jahr für Jahr. Es gibt aber auch vieles, was unvergänglich ist, das erfahren wir erstaunlicherweise ebenfalls Jahr für Jahr: die Angst vor der 13 zum Beispiel, die sich sogar bei den so aufgeklärten Kommunisten gehalten hat. In ihren großen und teuren »Interhotels« gab es nämlich die Zimmernummer 13 nicht. Oder der Talisman, ohne den so mancher aufgeklärte Boxer und Rennfahrer und Eiskunstläufer nicht gewinnen kann, aus welchem Land der Erde er auch kommen mag! Unvergänglich ist auch die Inbrunst, mit der zu Weihnachten Christen und Nichtchristen das ihnen gemeinsam vertraute Lied »Stille Nacht« auswendig singen, mit Tränen in den aufgeklärten Augen. Und unvergänglich ist natürlich auch der Nikolaus. Zwar hat er in der Vergangenheit mitunter seinen Namen wechseln müssen, vom Weihnachtsmann über den Knecht Ruprecht bis zum Väterchen Frost, aber in den Herzen der Kinder und wohl auch der Erwachsenen trug er durch alle Zeiten die unverwechselbaren Züge des Heiligen, der vor vielen hundert Jahren Kindern goldene Nüsse geschenkt hat, um sie vor der Sklaverei zu retten, und der demzufolge ein reicher Mann sein muß und viel schenken kann und jedes Jahr wiederkommt.

In der Marktwirtschaft ist der Einkauf für ihn einfach. Es gibt nicht nur alles, was sich Menschen wünschen, es gibt auch alles dutzendweise, von den verschiedensten Firmen aus dem In- und Ausland und in jeder Preislage angeboten, für den Nikolaus günstig, damit er seinen Etat nicht überzieht. Schließlich zieht er mit einem übervollen Sack durch die Straßen. »Die Kinder werden sich freuen«, denkt Nikolaus und lächelt vor sich hin! Er ist zwar ein Heiliger, aber kein Prophet, wie wir gleich sehen werden.

Er klingelt zuerst bei Brinkmanns. Für den siebenjährigen Mike hat er ein kleines Kindertelefon eingepackt. Man kann damit sogar von einem ins andere Zimmer telefonieren, zum Beispiel von Brinkmanns Kinderzimmer in die Küche, wie der Nikolaus Mike gerade erläutert. Ein eigenes Telefon, man bedenke, mit sieben Jahren! Aber Mike hält ihm triumphierend seine beiden neuen Funkgeräte unter die Nase. »Hier! Das ist Sache!« sagt er. »Aus dem Westen!« »Aus dem ehemaligen Westen«, verbessert sein Vater, aber Mike will sich nicht unterbrechen lassen. »Mit dem Ding da kann ich mit Otto sprechen, meinem Freund. Der wohnt da drüben!« Er zeigt zu einem erleuchteten Fenster auf der anderen Straßenseite, Ottos Zuhause offenbar. Mike hält dem Nikolaus eines der beiden Funkgeräte hin. »Nimm's mal! Und wenn du unten auf der Straße bist, drückst du hier auf den roten Knopf und rufst da in das Mikrofon hinein: Mike! Gar nicht laut, so etwa!« Er drückt auf den roten Knopf und ruft in Zimmerlautstärke dreimal: »Mike! Mike! Mike!« Aber Nikolaus hat keine Lust, Mike per Funkgerät in Zimmerlautstärke zu rufen. Er verabschiedet sich dankend und schnell.

Vier Häuser weiter wohnt Monika, neun Jahre alt und eine Leseratte. Er hat drei Bände »Pippi Langstrumpf« besorgt, von Astrid Lindgren, aber als er sie auspackt, wirft Monika nur einen kurzen Blick darauf. »Hab' ich auf Video«, sagt sie. Und es klingt nicht gerade respektvoll, geschweige denn dankbar oder erfreut. Auch bei dem fünf Jahre alten Frank hat er kein Glück. Der Indianeranzug mit Pfeil und Bogen kann nicht entfernt mit der Weltraumausrüstung konkurrieren, die durch zwei Maschinenpistolen komplettiert wird. Ähnliches erlebt Nikolaus auch an drei anderen Türen. Ein Computerspiel, eine fast lebensgroße Monsterpuppe und ein Kindermotorrad mit richtigem Benzinmotor rauben ihm die Schau. Und nun hat er es endgültig satt. Zwei Straßen weiter steht ein Container. Da wirft er seine sämtlichen Geschenke hinein, samt Sack. Wozu braucht er einen Sack, wenn er doch in Zukunft niemandem mehr etwas schenken wird, das steht fest! Er hat eine richtige Wut im Bauch, und das will bei einem heiligen Nikolaus, der die Kinder liebt, etwas heißen. Zum Fürchten sieht er aus. Der Bart ist zerrauft, die buschigen Brauen hat er tief über die Augen gezogen, und seine Stirn, soweit man sie unter der roten Kapuze erkennen kann, hat drei senkrechte tiefe Falten. Er wirkt überhaupt nicht mehr weihnachtlich, und vom Segen der Marktwirtschaft, in der man sich alles kaufen und angeblich alles leisten kann, scheint er nichts begriffen zu haben. Das bessert sich auch nicht, als sich seine Laune bessert, wie das bei einem ordentlichen Nikolaus immer ist, wenn er wirklich mal in Wut gerät. Das dauert niemals lange. Nikoläuse haben für die Wut einfach keine Ausdauer. Und so geht er noch nicht heim, wie er sich vorgenommen hatte, sondern zieht die Liste mit den Namen und Anschriften der Kinder aufs neue aus der Tasche und sucht die nächste Adresse heraus.

Die blonde Sylvia, schon ein bißchen mit erwachsenen Formen versehen, öffnet ihm im neuen türkisblauen Jogginganzug, auf dem bezeichnenderweise quer über der Brust steht »I love You«, was auf deutsch bekanntlich heißt »Ich liebe dich«, aber wohl nicht den Nikolaus meint. »Ich bin der Nikolaus«, sagt der Nikolaus, »und ich möchte dein Freund sein. Brauchst du einen Freund?« Sylvia blickt ihn abschätzend an, von der Spitze seiner Kapuze bis zur Spitze seiner Stiefel. Ihre Stimme klingt trotz herber Kritik nicht unfreundlich. »Daß du der Nikolaus bist, sieht man schließlich. Aber meinen Freund stell ich mir ein bißchen anders vor. Obwohl«, sie zupft ihn mit zarten Fingern ein wenig am Bart«, so einen Bart dürfte er schon haben. Aber sicher hast du was mit. Zeig mal!« »Meine Freundschaft habe ich dir mitgebracht. Ich denke, Freunde können die

Menschen heutzutage brauchen.« »Spinner!« sagt Sylvia. Sie dreht sich um und macht, nein, man möchte fast sagen, sie schlägt die Tür zu.

Fast habe ich euch nichts weiter zu erzählen. Nikolaus muß die schmerzliche Erfahrung machen, daß zwar bei den Menschen vieles gefragt ist, Luxuriöses, Kostbares, Überflüssiges, Modernes – aber Freundschaft gehört nicht dazu.

Trotzdem sagte ich eben; ich hätte »fast« nichts zu erzählen. Denn als Nikolaus bei Liebetrauts klingelt, öffnet ihm Sabine, die in das erste Schuljahr geht, Stefans Zwillingsschwester. Als sie den Nikolaus erkennt, legt sie den Finger auf den Mund und sagt: »Pst! Wir singen gerade Weihnachtslieder. Komm rein und sing mit!« Die Familie Liebetraut steht vor dem Christbaum, unter dem die große erzgebirgische Weihnachtskrippe aufgebaut ist. Sie singen gerade: »Vom Himmel hoch, da komm ich her!« Danach »Kommt und laßt uns Christum ehren«, darauf »Ihr Kinderlein kommet«. Und ohne Rücksicht auf ihren Gast singen sie das ganze Weihnachtsliederheft durch, das sie ihm in die Hand gedrückt haben, falls er nicht alles auswendig kann. Aber er kann natürlich alles auswendig. Als er schließlich sein einziges Geschenk anbietet, freuen sie sich. »Freunde kann man brauchen in dieser Zeit«, sagt die Mutter. »Zu jeder Zeit!« fügt der Vater hinzu. Nikolaus muß sich setzen, muß mit essen und trinken. Es gibt warme Würstchen und Kartoffelsalat. »Zu Weihnachten gibt's das immer«, erklärt ihm Stefan, »damit die Mutter nicht so viel Arbeit in der Küche hat.« »Und Vater auch nicht«, ergänzt Sylvia mit vollem Munde, woraus man erkennen kann, daß es sich bei Liebetrauts um eine moderne Familie handelt. Anschließend gibt es Kinderpunsch, der genauso schmeckt wie echter Punsch mit Korn und Rotwein. Übrigens ist der Gabentisch nicht übermäßig groß. Elektronik und kostbare Ober- und Unterwäsche fehlen ganz, für die Kleinen und für die Großen. Jedenfalls geben Liebetrauts Nikolaus endgültig sein fröhliches Herz zurück und den festen Entschluß, auch im nächsten Jahr wieder zu klingeln, ohne Sack, als armer Nikolaus, der unser Freund sein will. Und vielleicht gibt es im nächsten Jahr ein paar mehr Menschen, die trotz Marktwirtschaft Freunde brauchen und Freundschaft suchen und schätzen, mehr als Spitzenunterwäsche und Videos.

Fahndung nach St. Nikolaus

Auf die Fahndung hin hatte die Polizeidirektion eine Menge Meldungen bekommen, telefonisch und schriftlich. Danach war St. Nikolaus in den verschiedensten Orten längs der Grenzen des Dreiländerecks Deutschland – Polen – Tschechoslowakei gesehen worden, allerdings nur in tschechischen und polnischen, nicht in deutschen Orten. Es war wie immer. Die meisten Meldungen mußten als Phantasieprodukte beiseitegelegt werden. Daß er in der Zollstelle Seifhennersdorf im Gespräch mit Beamten des Bundesgrenzschutzes gesichtet worden sei oder in Rumburk am Stammtisch, schon halb unter dem Tisch liegend, oder im Botanischen Garten in Liberec beim Austeilen von Geschenken an die Gärtner (jemand wollte sogar wissen, er sei beim Stehlen von Orchideen erwischt worden!) oder in Bogatynia, wo er im Originalgewand eine Sonderschicht im Tagebau ableistete. Am nächsten schien der Wahrheit ein Anruf aus Hradek zu kommen, wo er im Wartesaal sitzen sollte mit einem Wörterbuch in der Hand, tschechische Vokabeln lernend. Diese Meldung stimmte überein mit dem Ergebnis einer Befragung, die die Kripo in Zittau vorgenommen hatte. Eine Verkäuferin in der großen Buchhandlung am Markt wollte einem Weihnachtsmann ein tschechisches Wörterbuch und eine tschechische Grammatik verkauft haben. Der Kunde habe es sehr eilig gehabt und gemurmelt, er müsse schnellstmöglich Tschechisch lernen, »gleich heute noch«. Man merkte ihr an, daß sie den Kunden für nicht ganz richtig im Kopfe gehalten hat. »Tschechisch heute noch!« sagte sie. »Als ob das eine Sprache sei, so leicht zu erlernen wie das Sächsische – und das ist schon schwierig genug!« Eine große Boulevardzeitung, die wesentlich nur über Skandale und kaum bekleidete Mädchen berichtete, wollte aus »sicherer Quelle« erfahren, daß St. Nikolaus aufgrund bestimmter Erfahrungen beschlossen habe, sein »Arbeits- und Anbetungsgebiet« ganz aus Deutschland wegzuverlegen. Also viel Material und vermutlich wenig verwendbare Ergebnisse!

Der Wahrheit näher kamen da schon die Auskünfte, die die Kripo bei Bürgern der Stadt erhalten hatte. Mindestens lieferten sie eine mögliche Erklärung für sein Verschwinden. Es wurden einzelne Einwohner und Geschäfte angesprochen, darunter mehrere der insgesamt 27 Weihnachtsmänner, die zu Werbungszwecken um diese Zeit zwischen drittem und viertem Advent die Stadt bevölkerten. Verschiedentlich hatte sie ein ihnen Unbekannter im gleichen Kostüm gefragt, ob sie auch »Heilige« seien. Sie hatten darüber gelacht oder waren verlegen geworden, weil sie nicht wußten, was das ist, ein Heiliger. Einige hatten zurückgefragt, welche Firma er denn vertrete. Die

Antwort war ebenso unglaublich wie die Frage nach den Heiligen. »Den Himmel!« hatte er geantwortet. An Wohnungstüren hatte die Mehrzahl der Herausgeklingelten die Tür gleich wieder zugeschlagen mit der Bemerkung »wir kaufen nichts«. Einer hatte mit der Benachrichtigung der Polizei gedroht, als St. Nikolaus (den sie als solchen natürlich nicht erkannten, um den es sich aber mit größter Wahrscheinlichkeit handelte) zu Erklärungen ansetzte, ein anderer hatte es für eine neue Masche einer Drückerkolonne gehalten. »Ich abonniere keine Zeitungen. Und von Ihnen schon gleich gar nicht!« Der Weihnachtsmann habe ziemlich dumm geschaut. »Drückerkolonne? Was ist das?« »Aber darauf bin ich nicht hereingefallen. Solchen Leuten muß man die Tür weisen, und wenn sie noch so naiv und scheinheilig tun!« war seine Auskunft. Eine freundliche ältere Frau hatte gefragt, was »euer Begehr ist!« So fragt man doch die Weihnachtsmänner, das habe ich als Kind gelernt. Er habe darauf gemeint »Äpfel, Nüsse, Pfefferkuchen ...«, da habe sie ihn unterbrochen und auf den Weihnachtsmarkt hingewiesen. »Dort erwerben Sie diese Dinge am billigsten.«

Besonders bemerkenswert scheint der Kripo eine Auskunft zu sein, die sie von einem kleinen Mädchen bekam, das den Weihnachtsmann in der Böhmischen Straße getroffen hatte, als er an einem abbruchreifen Haus eine aufgesprühte Inschrift las: »Ausländer raus!« Das Mädchen hörte, wie er einen vorbeikommenden jungen Mann fragte:

»Was für Ausländer sind denn da gemeint?« »Nun, Türken!« war seine Auskunft. »Türken?« »Na ja, Mozambiquaner, Vietnamesen, Rumänen, russische Juden und so.« »Richtige Türken auch?« »Natürlich! Richtige Türken erst recht!« Das Mädchen sagte, der Weihnachtsmann habe sehr betroffen ausgesehen, ja sie wollte gesehen haben, wie er sich eine Träne aus dem Gesicht wischte. »Ein heulender Weihnachtsmann! Das ist mal ganz was Neues!« meinte sie. Schließlich wurde das Bild vervollständigt durch Mitarbeiter eines Jugendklubs, den er besucht hatte. Er wurde mit großem Hallo willkommen geheißen und eingeladen, sich mit an den Tisch zu setzen. Sie hätten gerade wichtige Dinge zu besprechen. Einer bestellte ihm ein Glas Bier, und obwohl nach seiner Auskunft »Nikolaus im Dienste nicht trinken darf« (er sagte »Nikolaus« und nicht »Weihnachtsmann«, für die Kripo ein sicherer Hinweis auf seine Identität) nippte er doch am Glase und nahm schließlich einen kräftigen Schluck mit der Bemerkung, daß er das heute nötig hätte und gut vertragen könne. Die Runde besprach dann Fragen der ihrer Meinung nach zu großen Ausländerfreundlichkeit. »Ausländer müssen raus!« sagte einer, »sie nehmen uns unsere Arbeitsplätze weg«, ein anderer, »und sie kosten den Staat viel zu viel. Das geht alles von unserem Geld ab!« ein Dritter. Da stand er auf und wandte sich der Tür zu. Die Runde, zumeist Jungen zwischen 17 und 20 Jahren, war erstaunt. »Warum gehst Du? Jetzt wird es doch erst gemütlich!« Nikolaus drehte sich noch einmal um an der Tür ins Freie. »Ich bin Ausländer!« sagte er. »Ich stamme aus Myra, das liegt in der heutigen Türkei.« Und das sind das letzte Wort und die letzte Begegnung mit St. Nikolaus, die wirklich verbürgt sind. Das andere kann man sich denken.

Jesus hat Durst

Es sollte so schön werden! Und dann wäre es beinahe schiefgegangen. Aber schließlich wurde es noch viel schöner als geplant, überraschend. So war das.

Dabei fing es ganz gewöhnlich an. Pfarrer Johannes Hoffnung hatte ein Krippenspiel einstudiert, wie man das so macht als junger Pfarrer. Die gedruckten Krippenspiele sind alle zu lang oder zu kurz oder zu schwer oder zu unverständlich und jedenfalls gerade für diese Gemeinde überhaupt nicht passend. Und da schreibt so ein begabter, hoffnungsvoller junger Pfarrer eben ein Krippenspiel selbst. Er nimmt die Weihnachtsgeschichte her, legt den Beteiligten die Worte in den Mund, die ihnen die Bibel in den Mund gelegt hat und noch dazu ein paar andere, die sie ihnen in den Mund hätte legen können – das ist schon alles. Ganz einfach. Man will ja auch nichts ganz und gar Neues daraus machen, nein, das würde die Gemeinde übelnehmen, ausgerechnet zu Weihnachten. Kurz, das Krippenspiel von Pfarrer Johannes Hoffnung war ein Krippenspiel wie hundert andere auch, vielleicht nur mit dem kleinen Unterschied, daß nicht zuerst gespielt wurde und dann gepredigt, sondern daß beides miteinander vermischt war. Wenn Maria oder Joseph ein paar

Sätze gesagt hatten, wandte sich der Pfarrer an die Gemeinde und versuchte zu erklären, was es heute zu bedeuten hat. Es war eine Art illustrierter Predigt, gar keine schlechte Idee. Den Leuten gefiel das. Das heißt, genau kann man nicht sagen, ob ihnen wirklich das Krippenspiel gefallen hat oder das andere, das während des Krippenspieles passierte und das ich gleich erzählen will. Der Pfarrer hatte alle seine Spieler beisammen, aus der letzten Christenlehre- und den beiden Konfirmandengruppen. Und sie machten ihre Sache leidlich gut, nicht gerade ausgezeichnet, aber doch so, daß man der Aufführung ohne Angst entgegensehen konnte. Eine sehr gute Generalprobe macht bekanntlich auch manchen Leuten Bange, die sonst überhaupt nicht abergläubisch sind und – wie ein Pfarrer – es eigentlich auch nicht sein dürfen. So weit, so gut. Aber es kommt eben oft anders als man denkt.

Am heiligen Abend gegen 10.20 Uhr klingelte es am Pfarrhaus, und draußen steht Herr Ahne, der Vater der Maria, die Mareike heißt und mit 39,6 Fieber im Bett liegt, vermutlich schwere Grippe. Aber sie wissen es nicht genau und hoffen, es ist nichts Schlimmes. Sie haben eben die Schnelle Medizinische Hilfe angerufen. Und jedenfalls kann Mareike auf keinen Fall am Abend spielen. Und frohe Weihnachten, und der Herr Pfarrer werde schon jemand finden. Und jetzt muß er gleich wieder heim. Herr Hoffnung ruft ihm noch nach: »Gesegnetes Christfest und gute

Besserung!« Erst dann wird ihm klar, was los ist. Er geht zerschmettert in die Küche und setzt sich in die Ecke an den Tisch, auf seinen Stammplatz. »Zerschmettert« ist ein Fachausdruck, den Frau Charlotte Hoffnung geprägt hat, wenn er, den Kopf ein wenig vorgeneigt, mit seinen 32 Jahren schlürft wie ein alter Opa und sich dann einfach fallen läßt, auf seinen Stammplatz. Ein Nichtkenner müßte denken, er fällt bestimmt daneben, so spontan wirkt es, aber er ist noch nie daneben gefallen. Er besitzt schließlich jahrelang Übung. Er braucht nur noch die Arme auf den Tisch zu legen, lang ausgestreckt, und seine Frau braucht nur noch zu sagen: »Na, was gibt's denn, Alterchen?« Und richtig sagt sie jetzt: »Na, was gibt's denn, Alterchen? Was verhagelt dir denn den heiligen Abend?« Und als er erzählt, schiebt sie wie meist die Hagelwolken gleich wieder weg, weil sie fast immer gute und hilfreiche Einfälle hat. »Weißt du was? Dann spiele ich die Maria. Zu groß bin ich nicht, zu dick bin ich nicht. Wenn ich ein Mann wäre, würde ich zu mir sagen: ›Du bist zierlich, Charlotte!‹ Da falle ich achtundzwanzigjährige Mutter unter den Zwölf- und Dreizehnjährigen gar nicht auf.« Das ist nun wirklich ein guter Gedanke. Ihr Mann macht wieder ein freundliches Gesicht, richtet sich gerade auf und zieht die Arme vom Tisch. Aber dann wird seine Stirn doch noch einen Moment finster. »Und Jakob?« sagt er. Jakob ist beider jüngstes und überhaupt erstes Erzeugnis, vor sechs Wochen geboren mit sieben

Pfund Lebensgewicht. Jakob wird noch voll gestillt. Aber Charlotte hat auch da eine gute, wie sich später herausstellt, eine glänzende Idee. »Den nehme ich einfach mit! Warum soll ich nicht statt einer Puppe ein lebendiges Kind auf dem Arm halten!« »Und wenn er Durst bekommt?« »Durst bekommt er immer erst gegen sechs. Da wir spätestens halb sechs fertig sind, kann gar nichts passieren. Das hält er durch. Und Du weißt ja: Er schreit immer frühestens fünf Minuten vorher. Also keine Bange, Herr Hoffnung!« Wenn sie ihn besonders lieb hat, ihren Mann, sagt sie »Herr Hoffnung« zu ihm. Es ist so ein schöner passender Name für die Liebe. Und sie verschafft sich auf diese Weise ein klein wenig Abstand, damit sie ihm nicht zu oft um den Hals fällt. In diesem Moment ist das auch gar nicht nötig, das besorgt er, denn ihm ist ein Stein vom Herzen gefallen.

So weit, so gut. Das Krippenspiel samt Predigt geht munter voran. Die Gemeinde ist von der adretten Maria begeistert, zumal es sich in dem kleinen Dorf bereits herumgesprochen hat, daß Mareike Ahne mit hohem Fieber im Bett liegt. Die Neugier, was nun werden würde, hat noch ein paar mehr Leute in die Kirche gezogen als ohnehin. Es ist kein einziger Platz mehr frei, weder zum Sitzen noch zum Stehen. Aber als Maria gerade zu dem zweiten König, dem schwarzen, sagt: »Daß du auch kommst! Das freut mein Kind besonders!« da freut sich Jakob gar nicht, sondern er schreit. Charlotte wiegt ihn ein wenig hin und her, legt ihre Wange an seine Wange, flüstert ihm ins Ohr und was eine Mutter so alles tut, wenn ihr Kind schreit, damit es wieder zur Ruhe kommt. Aber Jakob kommt nicht zur Ruhe. Aus irgendeinem unerfindlichen Grund hat er an diesem heiligen Abend eine Stunde eher Hunger als gewöhnlich. Vielleicht ist es buchstäblich höhere Gewalt. Ich denke es fast, denn es macht die Predigt oder vielmehr die ganze Weihnachtsgeschichte an diesem Abend klarer und verständlicher als vielleicht jemals zuvor in dieser Gemeinde. Pfarrer Hoffnung hat eine Pause eingelegt. Er will warten, bis sich der Sturm gelegt hat, aber der Sturm legt sich nicht. Da sagt Maria oder vielmehr Charlotte: »Wißt ihr was? Jesus hat Durst! Das versteht ihr doch alle. Er muß jetzt was zu trinken bekommen, sonst schreit er den ganzen Gottesdienst durch.« Dann schlägt sie ihr Mariengewand auseinander, knöpfte ihre Bluse auf und gibt dem kleinen Jakob die Brust. Er ist gleich still und schmatzt – und das Spiel geht weiter, als ob nichts geschehen wäre. Die Handlung wird auf keinen Fall gestört, im Gegenteil. Später sagen die Leute, es hätte was gefehlt, wenn der kleine Jesus (sie sagen tatsächlich »Jesus« und nicht »Jakob«) nicht gestillt worden wäre. Natürlich sitzen alle mucksmäuschenstill, verständlicherweise, die Mädchen mit einem roten Kopf, die jungen Männer auch, aber sie schauen zu Boden, damit man es nicht merkt, und nur heimlich ab und zu mal schnell nach vorn zu der schönen Maria, die älteren Frauen und vor allem die Mütter wischen sich eine Träne aus dem Auge und die älteren Männer haben einen versonnenen Zug um den Mund, als ob sie sich an etwas Schönes erinnern.

Ich glaube, in diesem Gottesdienst haben die Menschen begriffen, daß Gott ein richtiger Mensch geworden ist – wenn er doch sogar im Gottesdienst gestillt werden muß.

Der Engel im Briefkasten

Daß ich es euch gleich am Anfang verrate: Es ist eine Adventsgeschichte, die ich euch erzählen will, auch wenn sie am Anfang gar nicht so aussieht. Aber sie endet zu Weihnachten! Und wenn sie nicht zu Weihnachten endete, wäre es immer noch eine Adventsgeschichte. Hoffentlich merkt ihr das beim Lesen!

Zuerst will ich euch die Leute vorstellen, die in meiner Geschichte eine Rolle spielen. Sie wohnen alle in einem Mietshaus in Berlin mit zwei Etagen und einer kleinen Wohnung im Dachgeschoß mit schrägen Wänden. Da lebt die Oma Kalditz, die eigentlich gar keine Oma ist, denn sie ist nicht verheiratet, und Kinder hat sie auch keine, obwohl das heutzutage durchaus der Fall sein könnte. Trotzdem sagen alle Kinder im Hause zu ihr »Oma Kalditz«, denn im Grunde genommen ist sie eine viel bessere und gütigere Oma als viele wirkliche Omas, weil sie nämlich ein ganz großes Herz für Kinder hat – und deswegen auch für deren Eltern, wie ihr bald bemerken werdet. Der alte Herr Wohlgemuth aus dem Erdgeschoß, der sonst in unserer Geschichte keine Rolle spielt, hat einmal von ihr gesagt: »Das ist unsere Seelsorgerin. Wenn man die im Hause hat, braucht man gar keinen Pastor!« Recht hat er! Und obwohl Oma

Kalditz in meiner Geschichte gar nicht oft vorkommt, spielt sie sozusagen die Hauptrolle.

Unter ihr, im zweiten Stock, wohnt die Familie Preis, richtig wie »Preis«, und ich glaube, in diesem Fall paßt der Name, mindestens auf Herrn Preis, der auf den schönen Vornamen Balthasar hört. Herr Preis hat nämlich eine Dauerantwort parat, wenn ihn jemand etwas fragt. »Wie geht's denn, Herr Preis?« Antwort: »Wir brauchten Geld.« »Wie geht's Ihrer Frau?« »Ja, wir brauchten eben mehr Geld.« »Was machen Ihre beiden reizenden Töchter?« »Die kosten eine Menge. Wir brauchten eben mehr Geld.« Seine Frau heißt Marie, und wenn er die nicht hätte, dann hätte er schon lange buchstäblich bankrott gemacht, aber ich will meine Geschichte nicht schon jetzt verraten. Preisens haben zwei Töchter, Renate ist dreizehn und schon eine kleine hübsche Dame, Beate ist elf und auf dem besten Wege, eine kleine hübsche Dame zu werden. Aus diesem Grunde steht sie oft vor dem Spiegel und kontrolliert sich, ausgezogen und angezogen.

Die anderen Mieter brauche ich euch nicht vorzustellen, denn sie kommen in unserer Geschichte nicht vor und haben sie Gott sei Dank auch gar nicht mitbekommen, denn das hätte dem Ruf von Herrn Preis mit Sicherheit geschadet.

Jetzt fängt meine Geschichte richtig an. Herr Preis hat nämlich seine eigene Art und Weise, um zu Geld zu kommen. Seit ihm einmal eine Werbung des berühmten Versandhauses – nein, den

Namen will ich lieber nicht verraten – auf den Tisch flatterte mit der überraschenden Mitteilung: »Lieber Herr Preis! Sie haben gewonnen!« und ihm eine Krawattennadel für 17,50 DM oder einen BMW mit vier Türen und ABS und doppeltem Air-Bag und Automatik ankündigte, glaubte er das sofort. Seitdem ist er von allen guten Geistern verlassen. Übrigens sind alle Menschen von allen guten Geistern verlassen, die auf so etwas hereinfallen. Und wenn ihr Kinder in eurem Briefkasten eine solche Werbung erwischt, schmeißt sie ungelesen in den Papierkorb! Kinder sind in solchen Sachen oft vernünftiger als Erwachsene. Aber das nur nebenbei.

Herr Preis bekam natürlich weder eine Krawattennadel noch einen BMW. Aber nun beteiligt er sich an allen Wettbewerben und Preisausschreiben und kauft deshalb jede Woche acht illustrierte Zeitungen, um nicht nur auf die Werbung angewiesen zu sein, die ihm jeden Tag unverlangt in den Briefkasten fällt. »Wenn Sie den Namen des Waschmittels herausfinden, daß ihre Gardinen weißer als weiß wäscht, sind Sie Anwärter auf zehntausend Mark!« Natürlich findet Herr Preis sofort heraus, welches Waschmittel weißer als weiß wäscht, denn es steht ja in der Werbung mit drin. Er schreibt es auf eine Postkarte, steckt sie in den Kasten, was ihn achtzig Pfennig kostet, und wartet. Jedesmal mit dem gleichen Ergebnis: Wieder nichts. Herr Preis, der bekanntlich mehr Geld braucht, weitet seine Versuche aus und bezieht das Lotto mit ein.

Er erwirbt jede Woche vier Scheine, füttert den einen mit seinem Geburtsdatum, den anderen mit dem Geburtsdatum seiner Frau, den dritten und vierten mit den Geburtsdaten von Renate und Beate. Und glücklicherweise oder vielmehr unglücklicherweise gewinnt er einmal mit drei Richtigen 22 Mark, was ihm zeigt, daß er nur genügend Geduld haben muß, bis er den Jackpot knacken wird. Da aber der Jackpot Woche für Woche auf sich warten läßt, nimmt er noch zwei ganze und ein halbes Lotterielos dazu, was ihn weitere 35 Mark kostet – und schließlich kann er nicht mehr alle Lose und Lottoscheine und das Briefporto für die Preisausschreiben und Wettbewerbe bezahlen und pumpt sich von einem Kollegen im Betrieb, in dem er als Baumaschinenmonteur beschäftigt ist, immer wieder das nötige Kleingeld. Und weil Balthasar Preis bis auf seine verrückte Geldsucht ein umgänglicher und freundlicher Mensch ist, sammeln sich allmählich Schulden an, die am zweiten Advent genau 2700 Mark betragen. Weil Weihnachten kommt, will der Kollege sein Geld zurück wegen seiner Weihnachtseinkäufe. Das hatte ihm Balthasar auch versprochen – nur, woher soll er es nehmen, das Geld!

Marie Preis weiß um alles. Denn für sich behalten kann Balthasar Preis weder seine Sorgen noch seine verrückten Ansichten. Immer wieder sagt Marie zu ihm: »Was willst du denn? Wir haben genug Geld zum Leben!« Und wenn er ihr dann aufzählt, was ihnen noch alles fehlt und was die

Leute im ersten Stock haben und die Leute im Erdgeschoß und die im Nachbarhaus und die Kollegen mit ihren CD-Playern und Anrufbeantwortern und Fax-Geräten und größeren und schnelleren und sichereren Autos und automatischen Garagentoren und so weiter und so weiter, dann antwortet Marie: »Und wir haben uns! Du hast mich und ich habe dich, und zwei wunderschöne Mädchen haben wir beide noch dazu! Und gesund sind wir auch! Und du bist mir treu und ich dir auch! Und wir passen immer noch bequem in unser kleines Auto, auch wenn es nur zwei Türen hat und keine Automatik. Und wenn wir sonntags ins Grüne fahren, dann nehmen wir Kuchen mit und Kaffee und Limonade und haben noch nie hungern müssen. Und wenn ich an die vielen Arbeitslosen denke, dann geht es uns sogar sehr gut. Und wenn ich an die Millionen von Kindern denke, von denen der Pastor neulich erzählt hat, die jedes Jahr verhungern müssen, dann geht es uns so glänzend, daß ich geradezu ein schlechtes Gewissen habe!« Balthasar Preis hat offenbar kein schlechtes Gewissen. Oder doch, jetzt hat er eins, aber nicht wegen der Arbeitslosen und Hungernden, sondern weil er Schulden hat und sie nicht bezahlen kann und überdies nicht weiß, wie er seiner Frau und seinen Kindern etwas zu Weihnachten schenken soll. Ich denke, dieses schlechte Gewissen ehrt ihn und macht Hoffnung. Ja, das Gewissen ist so schlecht, daß er die ganze Geschichte eines Abends, als er von der Arbeit kommt, auf der

Treppe dem Hausseelsorger erzählt, der Oma Kalditz. »Wissen Sie, Oma Kalditz, das tut gut, wenn man Ihnen mal sein Herz ausschütten kann. Richtig gut tut das!« »Da haben Sie Glück, Herr Preis, denn am dritten Advent ziehe ich ins Altersheim nach Fürstenwalde. Und nächste Woche löse ich meinen ganzen Haushalt auf und hoffe ein bißchen auf Ihre Hilfe.« Natürlich hilft Herr Preis immer gern, und Oma Kalditz erst recht. »Aber schade ist es, daß Sie uns verlassen. Sie waren immer die gute Seele im Haus.« »Ja, wissen Sie, meine gute Freundin, die im selben Heim lebt, hat mir einen Platz versorgt, und da können wir unsere letzten Jahre gemeinsam verbringen und sind beide nicht so einsam.«

Zwar hatte Balthasar seine Sorgen ausgesprochen, aber losgeworden war er sie nicht, wenigstens vorläufig. Er hatte allerdings genug zu tun mit dem Umzug von Oma Kalditz und kam nicht weiter zum Nachdenken. Er wäre deshalb wohl auch nicht zum Einkaufen gekommen, selbst wenn er das Geld dazu gehabt hätte.

Am Montag nach dem dritten Advent staunt er nicht schlecht, als er von der Arbeit kommt und die Post aus dem Briefkasten holt. Ein dicker Brief ohne Absender mit der Anschrift, in Blockbuchstaben: »Herrn Balthasar Preis«! Keine Briefmarke, kein Stempel. Den Umschlag mußte jemand persönlich in den Kasten gesteckt haben. Und was ist drin? Marie, Renate und Beate werden Zeuge, wie er ein Bündel Geldscheine aus dem Umschlag zieht und sogleich zählt: Dreitausend Mark! Dabei eine Briefkarte, auf der, wieder in Blockbuchstaben, nichts weiter steht als: »2700 Mark für die Schulden, 300 Mark für Weihnachten!« Herr Preis muß sich setzen. Er wischt sich über die Stirn, weil er das Gefühl hat, ihm breche der Schweiß aus. Renate faßt sich als Erste. »Hast Du Schulden, Vater?« fragt sie, denn Marie weiß zwar Bescheid, die Kinder aber nicht, wenigstens bis zu diesem Augenblick. »Setzt euch mal«, sagt Balthasar. Und dann erzählt er den Kindern seine Geschichte, warum er Schulden gemacht hat und daß er nie wieder Lotto spielen und sich an Preisausschreiben beteiligen wird und so weiter. Er hat ein wenig feuchte Augen dabei, vor allem, als er die Schublade der Kommode aufzieht, ein Bündel Prospekte hervorholt, von denen er sich den großen Gewinn erhoffte, und sie vor den Augen der Familie in einem großen Aschbecher verbrennt. Dann setzt er sich wieder. »Wer mag das denn gewesen sein?«

Renate hat die Antwort am schnellsten: »Ein Engel!« Beate lacht. »Ein Engel im Briefkasten!« sagt sie. Aber Vater grübelt. »Das kann eigentlich nur die Oma Kalditz gewesen sein!« Beate lacht wieder. »Oma Kalditz als Engel? Ein lustiger Engel.« »Na ja«, meint Renate, »kannst auch statt Engel sagen: Gott selber! Das haben wir in der Konfirmandenstunde gelernt.« Marie legt ihre Hände auf die Hände ihres Mannes »Ach, Balthasar, das wird ein schöner Heiliger Abend!« »Bal-

thasar?« fragt Renate. »Das war doch einer von den drei Weisen aus dem Morgenland! Stimmt's?«
»Ja, das stimmt«, sagt die Mutter. »Die drei Weisen, das waren die, die ihr Gold in die Krippe gelegt haben.«

Weihnachtsoratorium

Musik: Matthias Drude (1995–96)

I. Teil: DIE GEBURT

1. Chor

Gott wird ein Kind.
Gott hat sich entschlossen,
ein Kind zu werden,
ein Menschenkind
mit Vater und Mutter,
mit Windeln und Kinderbett,
auch wenn das Bett
nur eine Krippe sein soll
in einem Stall.
Gott wird ein Kind.

2. Solo (Sopran, Bariton)

Vor zweitausendsiebenhundert Jahren
hat es der Prophet Jesaja
den Menschen bekanntgegeben.
Gott sprach
durch seinen Mund:

Wohlan, so hört ihr vom Hause David:
Ist's euch zu wenig,
daß ihr Menschen müde macht?
Müßt ihr auch
meinen Gott müde machen?
Darum wird euch der Herr selbst ein Zei-

chen geben:
Siehe, eine Jungfrau ist schwanger
und wird einen Sohn gebären,
den wird sie nennen Immanuel.

Immanuel, das heißt:
Gott ist mit uns.

3. Chor und Soli

Mit uns ist Gott!
Immanuel!
Mit uns ist Gott!
Immanuel!
Angst gibt es nicht mehr.
Angst ist nur Täuschung
und gehört der Vergangenheit an.

Jesus sagt: In der Welt habt ihr Angst,
aber seid getrost,
ich habe die Welt überwunden.
(Johannes 16,33)

Gott wird ein Kind.
Nicht als Prophet wird Gott kommen
mit bebender Stimme und wütendem Wort!
Nicht als ein Priester
wird Gott zu uns kommen,
als prächtig gewandeter Sündenvergeber
und Opferempfänger!
Nicht als Messias mit Schild und Schwert,
als gefürchteter Kriegsherr,

bedrohend und Schrecken verbreitend!
Nein, Angst ist vorbei,
denn Gott wird ein Kind.
Gott wird ein Kind.

4. Sprecher

Wo wird Gott geboren?
Wo kommt das Kind zur Welt,
das zeigen kann,
wer Gott wirklich ist?
In Rom, in der Hauptstadt?
Im Palaste des Kaisers,
wie sich's für Gott gehört?
In Athen, wo Bildung und Künste zu Hause
seit altersher?

5. Chor

Nein! Nein!
Am Rande der römischen Welt,
in Judäa, der kleinen Provinz im Osten
wird Gott zur Welt kommen.
Am Rand Palästinas,
in Bethlehem,
dem kleinen Dorf mit großer Vergangenheit,
die längst schon vergessen,
wird Gott zur Welt kommen.
Am Rand eines Gasthofs,
nicht in seinen Zimmern für Gäste.
Nein, hinter dem Hof im Stall
neben Esel und Kuh und Schafen
wird Gott zur Welt kommen.

In einer armen Familie,
wo Zweifel herrscht,
ob der Vater wahrhaftig der Vater ist
wo die Mutter mit schwangerem Bauch
zur Hochzeit geht,
gebettet in Stroh statt in Daunen
wird Gott zur Welt kommen.

6. *Solo (Bariton)*
Bethlehem,
die du klein bist unter den Städten in Juda,
aus dir soll mir der kommen,
der in Israel Herr sei,
dessen Ausgang von Anfang
und von Ewigkeit her gewesen ist.

7. *Sprecher (Evangelium)*
Es begab sich aber zu der Zeit,
daß ein Gebot von dem Kaiser Augustus
ausging,
daß alle Welt geschätzt würde.
Und diese Schätzung war die allererste
und geschah zur Zeit, da Quirinius Statt-
halter in Syrien war.
Und jedermann ging,
daß er sich schätzen ließe,
ein jeder in seine Stadt.
Da machte sich auf auch Joseph
aus Galiläa, aus der Stadt Nazareth
in das jüdische Land zur Stadt Davids,
die da heißt Bethlehem,

weil er aus dem Hause und Geschlechte
Davids war,
damit er sich schätzen ließe
mit Maria, seinem vertrauten Weibe,
die war schwanger.
Und als sie dort waren, kam die Zeit, daß sie gebären sollte.
Und sie gebar ihren ersten Sohn
und wickelte ihn in Windeln und legte ihn in eine Krippe,
denn sie hatten sonst keinen Raum in der Herberge.

8. Solo (Wiegenlied der Maria)

Mein Kind, du sollst Gott sein?
Du machst mir Mühe, mein Kind.
Wer sich zu Gott hält,
muß müh'n sich im Leben.
Gute Nacht, mein Kind.

Mein Kind, du sollst Gott sein?
Du machst mir Schmerzen, mein Kind.
Wer sich zu Gott hält,
hat Schmerzen im Leben.
Gute Nacht, mein Kind.

Mein Kind, du sollst Gott sein?
Ich muß dir helfen, mein Kind.
Wer sich zu Gott hält,
der muß ihm auch helfen.
Gute Nacht, mein Kind.

Mein Kind, du sollst Gott sein?
Du machst mir Freude, mein Kind.
Wer sich zu Gott hält,
hat Freude im Leben.
hat immer, immer
Freude im Leben!
Gute Nacht, mein Kind.

9. Choral
(Melodie: »Es ist ein Ros entsprungen«)
Die Welt geht nicht zugrunde.
Ihr Heil gewinnt Gestalt.
Maria schlägt die Stunde,
die Wehen kommen bald.
Die Rettung bringt ein Kind.
Denn sie trägt Gott im Leibe,
ein Kind, wie Kinder sind.

10. Sprecher (Monodram)
Damals war es ein Stall.
Wo ist heute
Platz für Gott in der Welt?
In den Kirchen, den Domen,
den Kathedralen?
In den Palästen der Bischöfe,
den Pfarrämtern,
den Gemeindehäusern?
Wird Gott dort sein,
wo wir ihn nur zu gern
treffen möchten?
In unserer Nähe,

in der Nähe der Reichen, der Mächtigen,
die sich christlich nennen?
In der Nähe der Braven,
der Bürgerlichen,
der Menschen aus gutem Hause?
In meiner Nähe?
In unserer Nähe?
Damals war es ein Stall.
Wo wird er heute sein?
In den Slums wird Gott sein!
In den Werkstätten
für geistig Behinderte!
In den Pflegeheimen,
den Krankenhäusern,
den Obdachlosenasylen,
dort wird Gott sein!
In den afrikanischen Wüsten,
wo Menschen verhungern
und, vom Durste gequält,
dahinvegetieren,
dort wird Gott sein!
In den Flüchtlingslagern,
in den Kellern unter dem Schutt
der bombenzerstörten Häuser,
dort wird Gott sein!
Dort wird Gott zur Welt kommen,
wenn er denn heute noch kommt.

11. Solo (Sopran und Streichquartett)
Reißt die Augen auf, Menschen,
und sucht Gott heute!

Reißt die Augen auf, Menschen,
und sucht Gott
an den Stätten des Elends!
Und helft Gott,
das Elend zu tragen!

II. Teil: DIE HIRTEN.

12. Sinfonia

13. Sprecher (Evangelium)

Und es waren Hirten in derselben Gegend auf dem Felde bei den Hürden, die hüteten des Nachts ihre Herde. Und der Engel des Herrn trat zu ihnen, und die Klarheit des Herrn leuchtete um sie, und sie fürchteten sich sehr. Der Engel aber sprach zu ihnen:

14. Solo (Engel Gabriel) und Sprecher

Fürchtet euch nicht! Siehe, ich verkündige euch große Freude, die allem Volke widerfahren wird, denn euch ist heute der Heiland geboren, welcher ist Christus, der Herr, in der Stadt Davids. Und das habt zum Zeichen: Ihr werdet finden das Kind in Windeln gewickelt und in einer Krippe liegen. Und alsbald war da bei dem Engel die Menge der himmlischen Heerscharen, die lobten Gott und sprachen:

15. Chor der Engel

Ehre sei Gott in der Höhe
und Friede auf Erden
den Menschen, die Gott gefallen.

16. Chor der Hirten

Ich gefalle Gott?
Wir gefallen Gott?
Ich, der als Dieb gilt im Lande,
ich, dem Recht niemals zusteht,
ich sollte Gott gefallen?

Wir, für Diebe gehalten,
wir, denen Recht niemals zusteht,
wir sollten Gott gefallen?

Ein solcher Gott gefällt mir!

Ein solcher Gott gefällt uns!
Ein solcher Gott
ist ein Gott für uns!

17. Sprecher (Monodram)

Und als die Engel von ihnen gen Himmel
fuhren, sprachen die Hirten untereinander:

18. Chor der Hirten

Laßt uns nun gehen nach Bethlehem
und die Geschichte sehen,
die da geschehen ist,
die uns der Herr kundgetan hat.

19. Choral (Sopran solo ohne Begleitung)
(Mel. »Ich steh an deiner Krippen hier«)

Ein Kinderbett, nur schlicht und klein,
wird dir genügen müssen.

Die Welt räumt keinen Platz dir ein,
sie will von dir nichts wissen.
Doch du hast Platz. Wer dir gefällt
– und dir gefällt die ganze Welt –
hat Platz in deinem Herzen.

20. *Sprecher (Evangelium)*

Und sie kamen eilend und fanden beide, Maria und Joseph, dazu das Kind in der Krippe liegen. Als sie es aber gesehen hatten, breiteten sie das Wort aus, das zu ihnen von diesem Kinde gesagt war.

21. *Chor und Soli der Hirten*

Wißt ihr's schon?
Wir schließen Frieden mit euch!
Mit euch, denen wir feind waren!
Mit euch, die wir am Boden sehen,
mit denen wir tauschen wollten:
Ihr die Knechte und wir die Herren!
Herren ohne Barmherzigkeit,
wie ihr heute noch unsere Herren seid
ohne Barmherzigkeit.

Aber nun hat Gott Frieden geschlossen mit uns.
Gott wurde barmherzig mit uns,
seinen Feinden,
die ohne Gebote lebten,
nur auf den Tag aus
und auf die Nahrung,

die wir der Herde stahlen.
Jeder wußte davon,
und keiner konnte's beweisen.

Schließt auch ihr Frieden mit uns!
Und miteinander!
Denn Gott hat Frieden geschlossen mit uns.
Das Kind hat Frieden geschlossen mit uns.
Angst ist abgeschafft.
Es gibt keinen Grund mehr für Angst.
Das Kind hat die Welt überwunden,
wo Angst und Rache regieren
und Zorn die einzige Antwort ist
auf Versagen, auf Sünde, auf Fehler.

– Ein Kind kann nicht zürnen.
– Ein Kind kann nicht Waffen tragen
  und Bomben legen
– und Pläne entwerfen,
  wie man Menschen ums Leben bringt.

Gott hat Frieden geschlossen mit uns.
Das Kind hat Frieden geschlossen mit uns.
Angst ist abgeschafft.

– obwohl mir Friede nicht zusteht,
  weil ich Recht haben will auch im Unrecht,
  weil ich Ellbogen brauche statt Zärtlich-
  keit!

Gott hat Frieden geschlossen mit uns.
Das Kind hat Frieden geschlossen mit uns.
Angst ist abgeschafft.

22. Choral und Sprecher (Evangelium)
(Mel. »Kommet, ihr Hirten«)

Kommt, die keiner liebt,
zu denen keiner mehr hält!
Kommt aus den schmutzigsten
Winkeln der Welt!
Kommt zu dem Kind und
lernt wieder lachen!
Es wird zu Freunden
Gottes euch machen!
Halleluja.

Und alle, vor die es kam, wunderten sich über das, was ihnen die Hirten gesagt hatten. Maria aber behielt alle diese Worte und bewegte sie in ihrem Herzen. Und die Hirten kehrten wieder um und priesen und lobten Gott für alles, was sie gehört und gesehen hatten, wie denn zu ihnen gesagt war.

23. Sopran-Chor

Die Welt ist schöner geworden.
Die Schöpfung ist wieder zum Vorschein gekommen.
Frieden ist möglich unter den Menschen.
Die Wiesen könnten wieder so sein
wie im Paradies.
Die Luft hätte Platz
für den Atem Gottes.
Das Wasser wäre Quelle des Lebens,
und Bäume verwandelten giftiges Braun

der Nadeln in sattes Grün,
und Schafe weideten im Frieden.
Wir weiden die Schafe im Frieden,
wir, denn die Welt ist schöner geworden
durch das Kind in der Krippe.

III. Teil: DIE WEISEN

24. Sprecher (Evangelium)

Als Jesus geboren war in Bethlehem in Judäa zur Zeit des Königs Herodes, siehe, da kamen Weise aus dem Morgenland nach Jerusalem und sprachen:

1. Sprecher aus dem Chor

Wo ist der neugeborene König der Juden?

2. Sprecher aus dem Chor

Wir haben seinen Stern gesehen im Morgenland und sind gekommen ihn anzubeten.

25. Chor der Weisen

Wir suchen unsern Stern!
Wir bringen mit, was wir haben,
Weihrauch, Myrrhen und Gold.
Und dazu unsern Verstand,
entdeckte Gesetze des Himmels,
Formeln für Wasser und Luft,
Lehren des Lebens und Sterbens.
Nun suchen wir unseren Stern.

26. Sprecher und Chor (Evangelium)

Als das der König Herodes hörte, erschrak er und mit ihm ganz Jerusalem, und er ließ zusammenkommen alle Hohenpriester und Schriftgelehrten des Volkes und erforschte von ihnen, wo der Christus geboren werden sollte. Und sie sagten ihm:

In Bethlehem in Judäa.

Da rief Herodes die Weisen heimlich zu sich und erkundete genau von ihnen, wann der Stern erschienen wäre, und schickte sie nach Bethlehem und sprach:

Zieht hin und forscht fleißig nach dem Kindlein; und wenn ihr's findet, so sagt mir's wieder, daß auch ich komme und es anbete.

27. Sprecher (Evangelium)

Als sie nun den König gehört hatten, zogen sie hin. Und siehe, der Stern, den sie im Morgenland gesehen hatten, ging vor ihnen her, bis er über dem Ort stand, wo das Kindlein war.

28. Intermezzo

29. Solo (Sopran)

Und hinter dem Stern lauert das Dunkel.
Der Himmel hallt wider vom Schreien der
Mütter
um ihre Kinder, weil für den einen,
der eben geboren wurde,

das Blut aller Jungen von Bethlehem fließt
unter dem Schwert des Herodes.
Denn nach seiner Krone
greift nun ein Kind.
Hinter dem Stern lauert das Dunkel.

30. Sprecher (Evangelium)

Als die Weisen aus dem Morgenlande den Stern sahen, wurden sie hoch erfreut und gingen in das Haus und fanden das Kindlein mit Maria, seiner Mutter, und fielen nieder und beteten es an und taten ihre Schätze auf und schenkten ihm Gold, Weihrauch und Myrrhe.

31. Chor der Weisen und Choral
(Mel. »Gelobet seist du, Jesu Christ«)

Wir haben den Stern gefunden.
Wir fanden Gott in der Krippe.
Nicht Formeln prägen sein Hirn.
Nicht reden kann er in Sätzen.
Nicht denken kann er die Lehren.
Nur Liebe bewegt seine Sinne.
Ihm liegt unsre Weisheit zu Füßen.
Wir haben den Stern gefunden.

Wer klug ist und wer vieles weiß,
wer die Welt erforscht mit Fleiß,
wer stolz ist drum und beugt sich nie,
der beuge jetzt mit uns die Knie!
Kyrieleis.

Die Weisheit bei der Armut kniet,
wenn sie kleine Kinder sieht.
Dann freut sie sich und denkt daran:
So fing es einmal mit Gott an!
Kyrieleis!

32. Rezitativ – Sopran-Solo

Aber hinter dem Stern lauert das Dunkel.
Schon hört man, was der Prophet Jeremia
siebenhundert Jahre vorher
geweissagt hat.

33. Chor (Jeremia 31, 15)

In Rama hat man ein Geschrie gehört,
viel Weinen und Wehklagen;
Rahel beweint ihre Kinder
und wollte sich nicht trösten lassen.
Denn es war aus mit ihnen.
Denn es war aus mit ihnen.
Denn es war aus mit ihnen.

34. Sprecher (Evangelium)

Und Gott befahl den Weisen im Traum, nicht wieder zu Herodes zurückzukehren; und sie zogen auf einem andern Weg wieder in ihr Land.

35. Introduktion und Chor mit Soli

Fürchtet euch nicht,
sondern lacht mit uns,
denn Gott kommt in die Welt!

Gott als ein Kind,
das ist ein Gott,
der uns gefällt!

Fürchtet euch nicht,
sondern lacht mit uns,
so kommt Gott in die Welt!
Gott als ein Kind,
das ist ein Gott,
der uns gefällt!

36. Choral
(Mel. »O Haupt voll Blut und Wunden«)
Mein Kind, aus Holz ist beides,
die Krippe und das Kreuz.
Ich Schuldner deines Leides!
Dich freut es und mich reut's.
Hast Leben mir erworben,
geöffnet Gottes Tür!
Du bist daran gestorben.
Gegrüßet seist du mir!

Adventslied

2. Im Hause riecht es heut so gut
nach Kuchen und nach Bier,
nach Äpfeln, Nüssen, Gans und Kloß.
Ist heute Hochzeit hier?
Ist heute Hochzeit hier?
O nein …

3. Die Luft, die singt von Eis und Schnee.
Es ist ein schönes Lied.
Vielleicht hat heut der Wind Konzert
und bringt sie beide mit?
Und bringt sie beide mit?
O nein …

4. Viel hübsche Menschen stehn herum
aus Holz, klein von Gestalt.
Da hat wohl jemand Spaß gemacht
und sie bunt angemalt?
Und sie bunt angemalt?
O nein …

5. Die Kinder freun sich alle so!
Die Augen sind so blank!
Vielleicht ist jemand jetzt gesund
und war erst schrecklich krank?
Und war erst schrecklich krank?
O nein …

Weihnachtslied

2. Herr Josef, komm und spute dich!
Ich kriege doch ein Kind.
Und mach im Stall die Ritzen dicht!
Es pfeift so sehr der Wind.
Die Wehen plagen mich, zerreißen meinen Leib.
Hilf mir, Herr Gott, ach Josef, hilf,
damit ich tapfer bleib!
Freut euch…

3. Das Kind ist da und ist gesund,
Maria ist es auch.
Und weil das Kind schon Hunger hat
in seinem kleinen Bauch,
legt es Maria an die Brust. Ach, Josef, schau!
Du hast ein schönes Kind, und dazu
eine schöne Frau.
Freut euch…

4. Und plötzlich klopft es an die Tür,
drei Hirten sind's vom Feld.
Ist heut nicht hier ein Kind gebor'n,
kam Gott nicht in die Welt?
Ein solcher Gott ist was für Hirten, liebe Frau!
Man sieht es: Hirten sind ein armes Volk,
doch sind sie schlau.
Freut euch…

5. Die Hirten ziehen fröhlich fort,
weil Gott sie nicht vergißt.
Was hilft es einem reichen Mann,
wenn er nicht fröhlich ist!
Und wer ein Kind bekommt, hat wohl daran
getan.
Und wenn er's anschaut, fällt ihm ein:
So fing es mit Gott an!
Freut euch…

Textnachweise

»Das andere Weihnachten«, »Fünfzig Pfennig für die Krippe«, »Fahndung nach St. Nikolaus«, »Jesus hat Durst« zuerst erschienen in »Mache dich auf, werde Licht! Das große Radius-Weihnachtsbuch« herausgegeben von Dietrich Mendt, Radius-Verlag, Stuttgart 1994

»Balduin und das Heu«, »Das fehlende Ohrläppchen« zuerst erschienen in »Unter der Stehlampe«, Radius-Verlag Stuttgart 1982

»Weihnachtsoratorium« © ADU-Verlag für zeitgenössische Musik Aurich

»Adventslied« und »Weihnachtslied« © Strube-Verlag München-Berlin

Karl-Heinz Schmidt

Aufgezwungen und geliebt

Auszüge aus dem Tagebuch einer starken Frau

56 Seiten, 12 x 19 cm, fester Einband
DM 14,80/öS 102,–/sFr 13,–
ISBN 3-374-01757-6

Kriegsende '45: Nach einer Vergewaltigung bekommt Elisabeth, Diakonisse im Erzgebirge, einen Sohn. Er wächst bei ihr auf, geht zur Schule, macht eine Lehre und geht zur Armee. Doch eines Tages wird der Mutter die Nachricht seines Todes überbracht. Das ihr aufgezwungene Kind lebt nicht mehr.
Karl-Heinz Schmidt hat das Leben von Elisabeth und ihrem Sohn aufgezeichnet. Behutsam und liebevoll beschreibt er, wie sie mit ihrem Schicksal umgegangen ist und welchen Halt ihr der christliche Glaube gab.

EVANGELISCHE VERLAGSANSTALT
Leipzig

Roswitha Geppert

Mehr Licht in der Welt

Erzählungen

171 Seiten, 12 x 19 cm, Klappenbroschur
DM 19,80/öS 145,–/sFr 19,–
ISBN 3-374-01759-2

Die Liebe steht im Mittelpunkt der neuen Geschichten von Roswitha Geppert. Doch sie fragt nicht nur nach der Liebe zwischen Mann und Frau, sondern auch nach der Liebe zwischen Jung und Alt, zwischen Mensch und Tier.
Damit schließt Roswitha Geppert an ihren Band »Das Lächeln kehrt zurück« an.